林聰明（法名普清） 著

行三好 淨三業
擁抱生命教育

每一個善行、每一句溫暖話語、每一個正向念頭，像火種一樣，點燃改變自己、他人和世界的力量。

人間修行的美好目標——
三好淨化三業，達到
身、口、意的清淨與和諧。

一彈指，32億百千念，念頭一起，宇宙虛空即起波動，與人們的能量層級產生震動。宇宙萬法緣生緣滅，時常「做好事、說好話、存好心」，由心念帶引正向頻率，「善的種子」將在每個人的心中開花結果……。

Contents 目錄

推薦序一｜以善心、善行、善念深耕於生命教育　　4
推薦序二｜現代教育服務的實踐指南　　6
推薦序三｜擁抱三好校園 弘揚生命光輝　　9
推薦序四｜善念綿延・共好人間　　12
推薦序五｜在三好的光中同行：一位修行者的顧盼、一位教育家的行願　　14
自　　序｜行持三好，共同擁抱生命教育　　16

Chapter 1
與大師對話
九字箴言的智慧之光

宇宙萬法生，緣生與緣滅，若能時常做好事、說好話、存好心，「善的種子」將在每個人的心中開花結果……。

1-1 因緣俱足，與大師的法緣相遇　　24
1-2 大師的智慧，三好運動與人間佛教的實踐之道　　32
1-3 三好生命教育，日常行善的修行　　40
1-4 靜觀教育，在浮沉中尋找本心的光　　52
1-5 生命如樹，根深葉茂方能抵禦風雨　　58

Chapter 2
身心靈生養力行
行持三好，淨化三業

生活中行持三好，淨化三業，消弭衍生的根本煩惱，達臻戒定慧三學的實踐綱領。

2-1 三好淨化三業，實踐戒定慧三學　　68
2-2 身行善事，「清靜心」的日常修煉　　78
2-3 口出善言，讚美如花處處香　　90
2-4 善語的修持，寧靜的力量　　100
2-5 心存善念，改變命運的起點　　108

2-6	心念如種子，種下善念，自能收穫美好	120
2-7	正念力量，療癒身心靈	126
2-8	心能轉物，即同如來：波蘭集中營的深刻啟示	138
2-9	覺察內在，感受當下平靜	148
2-10	靜心養氣，體察生命之源	156

Chapter 3

校務翻轉
從三好生命教育實踐

三好生命教育不僅是知識的灌輸，更是心靈的滋養，創造一個更溫暖、更和諧的社會。

3-1	三好校園，從心創建和諧社會	182
3-2	捨棄浮躁，落實三好生命教育	192
3-3	三好運動，改變世界的力量	202
3-4	心懷感恩，所遇皆良善	210
3-5	智慧創新，與 AI 同行	220

Chapter 4

環境保育
慈悲大地，獻給未來的深情許諾

讓未來的孩子能在這片土地上感受到雨的溫柔、海的深情，以及大地的無盡恩澤。

4-1	從一棵樹倒下談起，敲響地球暖化警鐘	230
4-2	地球災變，考驗我們心靈環保的修行	238
4-3	塑膠微粒的啟示，一碗濃湯的警示	246
4-4	與地球共舞，實踐減碳之道	252

附錄一	林聰明校長──作者簡歷	259
附錄二	林聰明校長──生平大事記	264
附錄三	照片集錦	266

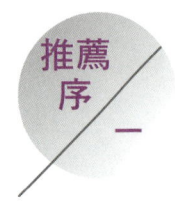

推薦序一 以善心、善行、善念深耕於生命教育

　　生命是生物體系統維持基本功能的自然屬性之表達形式。《北史‧源賀傳》紀載:「臣聞人之所寶,莫寶於生命。」清朝的紀昀在《閱微草堂筆記‧灤陽消夏錄四》中,強調:「葆養元神,自全生命。」生命教育,如一場關於人與天地、心與宇宙的深刻對話,串聯起人與自我、他者、環境乃至整個生命網絡的交響樂章。它不僅是教育的課程,更是一種生存的智慧,是人類對生命本質的探究與啟發。生命教育的本質在於學習價值的思考與生命意義的探索,並能產生實踐行動力。

　　2001 年,教育部訂定該年為「生命教育年」,開始推動生命教育課題。根據教育部生命教育全球資訊網,在教學活動中,老師會以「人為何而活?」、「人應如何生活?」、「如何能夠活出應活的生命?」等人生三問為核心,帶領同學學習自我認識、建立人格與價值觀、反省生命修養,培養對人和生命的正確理解。自 2001 年至今過去了四分之一世紀,檢討我國的生命教育,在 2009 年由教育部次長林聰明先生開始加強並朝教育部原始政策全力推動,2013 年林次長轉任南華大學校長,該校的創辦人為佛光山開山祖師釋星雲,是佛光山創辦的一所綜合大學,屬於佛光山教團系統大學之一,林校長到任後,積極推動三好運動:做好事、說好話、存好心的崇高理念,並以善心、善行、

推薦序

善念深耕於生命教育，林校長的奉獻，榮獲聯合國頒授「全球永續發展英雄獎」，以及教育部生命教育特殊貢獻人員獎、教育部生命教育終身奉獻人員獎，全然是實至名歸。

2024年卸任南華大學校長後，五月受聘為名譽校長，同時獲聘擔任佛光山教團系統大學副總校長。

此間開始撰寫《行三好　淨三業：擁抱生命教育》一書，本書從星雲大師「三好精神」的啟發開始，延續——做好事、說好話、存好心的推廣，透過慈悲與智慧的交融，貫徹生命教育的修行，並且於校園中落實，從根本開始化解高等教育少子化的危機，鼓舞年輕學子，創造未來領袖特質。

三好生命教育，不僅是一種行為的指引，更是一種生活的態度，帶著慈悲與智慧，滋養著每一顆心靈。當我們能夠將這三好貫徹於日常生活，便是實踐佛法的最佳方式。在這個過程中，我們不僅為自己打開了一扇通往內心的窗，也為他人點亮了一盞希望的燈。

「生命，是一場值得用心活過的旅程。」無論是教育者、家長，還是關心未來發展的讀者，本書將帶來深刻洞察，啟發引領自身和孩子走向更光明的未來。

際當發行之時，欣見好書將洛陽紙貴，喚起民眾，特為之序。

王金平
前立法院院長

推薦序二　現代教育服務的實踐指南

教育這個浩瀚領域，一直是星雲大師非常重視的，可以說教育維繫了佛教的法脈和未來，是佛教長存的重要因素。除了僧眾教育，大師也非常重視「高等教育」的人才培養，好的觀念與品德，需要透過教育，才能將正確價值觀，深植在學生的生命。

社會健全的發展從教育開始。大師看到了林聰明校長在這個領域的勤奮與熱忱，尤其在教育部擔任次長時，以獨到的政策和行動力，嘉惠了莘莘學子。延攬到南華大學擔任校長後，他有步驟、擬策略地用心辦學，並在海內外奔波招生，時常獲得令人讚揚的佳績。

校長承襲了大師的辦學方向，將三好生命教育的願景逐步落實、擴大，也讓南華大學成為生命教育的特色大學，與世界的百大綠色學校並列，可以說南華大學在他手上閃耀發光，這樣的教育執行力令大眾敬佩。

卸下校長職務後，林校長仍是保持著精進不懈的個性，把握因緣，積極地將個人生命記錄，出版了《源‧緣‧圓：一位校長的生命與永續印記》，一年後又出版了這本《行三好　淨三業：擁抱生命教育》。這兩本書堪為現代教育服務的實踐指南，以清晰有條理的思路，指出

推薦序

教育工作者應該具備的使命和責任。

首本著作，完整地將佛法、科學、生命教育融合並帶入校園，有依據有實證地呈現出「理事圓融」的教育方法。第二本以「三好」為核心，用自身為教育者、佛教行者的共同視角，擘劃實踐三好的具體方向，並提供能付諸行動的步驟。

《行三好 淨三業》不僅有佛法的體會，更有科學實證，提供簡單實用的方法，達到「解行並重」，讓道理和實踐這兩者都能兼備。

大師曾說：「三好，對我們個人的前途，影響至鉅。甚至對於整個社會，所謂風氣好壞，就看全國人民身口意方向的去從。」去年（2024年）有警察局主管與同仁們來到佛光山座談，我向大家說，三好跟我們每一個人息息相關，生命裡離不開身口意這三個範圍。現在臺灣各地常有人在講三好，也常聽到「人人行三好，世界更美好」這句話。這句話是真實的，因為三好可以提升每一個人，改變的更良善、更美好。

我進一步提出「人人行三好，治安一定好」，如果社會上的人又做好事、又說好話、又存好心，治安一定是好的，因為大家都不做壞事，警察們就可以越做越輕鬆。

近年人工智慧的快速發展，對教育和各界產生深遠影響，我和校長的「AI不是威脅而是契機」看法一致，啟發生命教育在這個時代顯得尤為重要。佛光大學今年開始推行「三好AI」計畫，除了已有的許多應用，也舉辦「AI人工智慧三好競賽」。

我勉勵師生們，在三好基礎下盡情發揮創意和團隊精神，讓三好精神在學術領域發揚光大，讓社會和諧美好。

期望這本書中許多具體的方法能使大家受益，讓三好精神對社會有更多的啟發，應用在更多的領域，達到自我生命的成長，與帶動世界的和平。

心保和尚
佛光山總住持

擁抱三好校園
弘揚生命光輝

　　我和林聰明校長相識於 1987 年 1 月 28 日除夕夜，在飛往英國倫敦的華航班機上。林聰明校長和我都是 1986 年國家甲等特考同榜好友，他是經建行政工業工程組榜首，我是教育行政組榜首，另馬英九前總統則是公共行政組榜首；當年我和林聰明校長皆放棄政府公職分發，選擇接受國科會教育人員獎勵出國訪問進修，他到英國倫敦大學政經學院擔任訪問學者，我則到倫敦大學教育學院作博士後研究。林聰明校長和我都是出身貧困家庭，靠著教育力量才能向上社會流動，才能有機會為國家社會盡點知識分子應有的職責。

　　林聰明校長大我二歲，他擔任教育部技職教育司長時，我也在教育部擔任中等教育司長，我們共事多年，他專業知識能力強，行政執行力過人，很會照顧他人，道德文章都屬一流，深受教育界同仁所一致肯定和敬佩。

　　2009 年 9 月，我接任教育部長工作時，他擔任教育部政務次長，處處展現卓越的教育遠見與行政能力，令人感佩。他曾擔任國立雲林科技大學校長，表現傑出卓越；卸下教育部政次公職後，他接任佛光山大學系統南華大學校長，皆能以深厚的人文關懷與創新實踐，引領學校師生在多元面向發光發熱。他長年推動三好校園、環境永續、生

命教育與智慧創新,不僅落實星雲大師倡導的「做好事、說好話、存好心」三好精神,更以佛學智慧深化教育的倫理基礎與心靈關懷,成就深遠,無人可及。

林校長曾帶領南華大學成為全球百大綠色大學,為臺灣高等教育樹立環境永續的新標竿。他對於「蔬食愛地球」理念的堅持與倡議,不僅是一種生活選擇,更是一種信念實踐——透過日常行動,體現對生命的尊重與對地球的慈悲。他長年關注身心靈環保與永續發展議題,屢獲國際與國內殊榮,包括聯合國「全球永續發展英雄獎」、環境部「環境保護專業獎章榮譽獎章」、教育部「生命教育終身奉獻人員獎」及「一等教育文化專業獎章」,足見其德望之崇隆與貢獻之卓著。他為人謙和,做事踏實,理念前瞻,格局寬大,為當代國內大學校長群中,少數深受敬重的前輩校長之一。

繼出版生命紀實鉅作《源・緣・圓:一位校長的生命與永續印記》後,林校長再度以《行三好　淨三業:擁抱生命教育》一書,深入詮釋三好教育的內涵與實踐途徑。本書不僅是他教育歷程的心靈剖析與回顧,更是一場品德教育、生命教育與環境永續教育交融的思想饗宴。他從佛學智慧出發,剖析如何以三好行持,淨化身、口、意三業,消弭貪、瞋、痴三毒,進而達到戒、定、慧三學超凡之意境,讓教育不僅是外在知識的傳授,更是內在修為的淬鍊與生命境界的昇華。

在本書中,林校長強調生命教育的核心應是「一場全人教育的對話」——與自我的對話、與他人的對話、與自然環境的對話,用生命感動生命,打造全方位生命永續光輝。他以三好生命教育為實踐基礎,

推薦序

　　深入探討如何在校務推展中，建構溫暖、善意、互敬、互信的校園文化，強調生命教育是一種生活態度，讓每一位學生在成長歷程中，都能感受到尊重與關愛，啟發其內在良知與社會關懷。

　　特別值得一提的是，林校長對環境保育的堅持與實踐。他認為，教育的最終目的，是讓人類與自然共生共榮。他倡議「人要慈悲大地，這是對世界未來的內心深情許諾」，期勉我們每一位教育工作者與社會公民，都能在日常生活中實踐節能減碳，守護地球家園，以永續環保的行動，為人類未來造福。

　　《行三好　淨三業：擁抱生命教育》不僅是林校長理念實踐的心血結晶，更是他畢生教育理想的集大成之作。它提供了一套融合佛學精神、教育實踐與永續價值的完整框架，為當前教育行政領導工作者、學校教育實務工作人員以及關心生命與環境的讀者，提供深刻啟發與實用指南。

　　我誠摯推薦本書，願我們在林校長慈悲堅定及專業前瞻的引領下，持續推動融合品德、生命與環境的全人教育，共同為建構一個充滿希望與善意的永續社會努力不懈，也期望大家都能「做好事、說好話、存好心」，共同打造一個溫馨美好感人的「三好社會」。

吳清基
臺灣教育大學系統總校長
前教育部長、國策顧問

善念綿延・共好人間

推薦序四

　　這是一本提醒現代人回歸心性，重建個人與社會和諧的智慧之書。

　　在這個瞬息萬變的社會裡，要持守良善初心，不丟失、不變質，真的是不容易。外境的起伏、名利物質的引誘，甚至是科技的進步，都不斷挑戰著世人的道德良知；而在這風雨飄搖，稍有不慎便會失去方向的迷宮之中，是什麼能指引我們走向人生正確的出口？

　　那是一份信念、一種生活的態度、一道滋養生命的泉源——也就是林校長在本書中不斷推廣的三好——「做好事、說好話、存好心」，這項核心價值，與行天宮主神 關聖帝君在1,800多年前開示的傳世明訓「讀好書，說好話，行好事，做好人」，精神理念不謀而合，可謂儒釋道智慧的共鳴。世間一切皆由心造，內在的起心動念，透過言語、行動，可以化虛為實、化念為力，人的一念，足以撼動乾坤。讓我們以「心」為根，以「行」為枝葉，大家一起來推動，就能為社會注入穩定清明的能量。

　　對於當前人類面臨的困境，林校長將「三好」，結合自身的體悟和佛法修為，以及在教育界的實務經驗，以深入淺出的方式，溫柔而堅定地傳遞給我們。如何修戒定慧？如何涵養清靜心？如何「轉識成

推薦序

智」？教我們在紛擾中始終握持善的準繩，於每個念頭中有尺有度，有智有慈，為社會大眾指出一條明確能行的道路，這是智者的慧言，也是身為教育家的良知與風範。

林校長擔任南華大學校長期間，致力於推行「三好運動」，並設立多元化的生命教育課程，讓師生都能同沐在三好的精神中。長年下來卓然有成，提到校園三好和生命教育，南華大學已然成為教育界的典範標竿。

而林校長擔任行天宮文教發展促進基金會董事數年來，對於行天宮關懷社會的志業，總是支持不遺餘力，在行天宮教育志業扶助、照顧學子，以及生命關懷課程上，皆給予諸多提點與協助，我非常敬佩，也非常感恩。正因為有著如此堅定的信念，對人、對社會、對萬物和這個地球，懷抱深切的慈心悲憫，林校長持續燃燒著愛與智慧的光芒，為他人帶來明亮和溫暖，為眾生的幸福而無私付出。

如今，林校長的智慧結晶集結成書，相信將能為躁動不安的人心帶來平靜祥和，而閱讀的每一個人，都能從本書中獲得滿滿的啟發和正能量，若能內化於身心，在生活中勤加實踐，那麼我們不但會擁有自在美好的人生，也能如林校長於書中所言「以生命力帶動生命力」，「在未來的道路上，能夠用自己微弱卻堅定的光，照亮他人、照亮這個世界」，願善念綿延，天地清寧，共好人間！

黃忠臣
行天宮志業公益會會長

在三好的光中同行：
一位修行者的顧盼、一位教育家的行願

　　歲月飛逝、馬齒徒增，每一次回望，都讓我深深感念，那些與志同道合之人並肩而行的歲月。我與林聰明副總校長的緣分，始於教育部共事的時光，彼時我們都還年輕，皆懷抱理想，於公部門齊心推動教育政策，關懷著臺灣學子的未來。那時的他，已是一位具遠見與行動力的教育實踐者，胸懷悲憫，思慮深沉，舉止之中，已可感受到一種超越行政框架的心靈厚度。

　　而真正讓我們的人生路徑轉向交會的，是星雲大師的感召，一起到佛光山的教育體系。從部會走入佛門，並非僅是一次生涯選項的改變，而是一場生命觀的深刻轉化。我赴佛光大學，他則應大師之邀，接任南華大學校長。於此之後，我們不僅是舊識，更成為推動「三好生命教育」與「人間佛教教育實踐」的同行者。

　　《行三好　淨三業：擁抱生命教育》這本書，正是林副總校長多年來身體力行三好精神的總結與見證。這不是一位教育者的自述而已，而是一位深具修行願力的知識實踐者，將身、口、意融入教育現場，讓佛法不僅落在書本或理想中，也活在每一位學子的心中，並能身體實踐。

　　書中最讓我動容的，不是大道理的陳述，而是那些日常生活的細

推薦序

節：一句鼓勵學生的溫言、一棵樹倒下引發的反思、一篇篇感恩日記裡流露出的真情。這些文字像是靜水流深，看似平凡，卻處處透露出對人性的溫柔關懷與對生命底蘊的深刻覺察。

林校長從三好的實踐談到三業的淨化，從生命教育延伸到環境保育，乃至於 AI 時代下的智慧創新與心靈引導。他不只在教育理念上貫徹慈悲與智慧，更以校長之身，推動三好校園、落實善念教學，帶領南華大學成為名列前茅的世界綠色大學。這些年來，他也無私協助推動佛光山教團系統大學的整體發展，為我們共同的願景注入堅定與亮光，我由衷感謝！

書中談到：「善念無雜，命運自轉。」這句話不只是佛法的闡釋，更像是他一生實踐的縮影。他相信教育不只是知識的傳遞，而是心靈的修持；不只是培育就業力，更是點亮每個人心中的那盞燈。這份信念，正是教團系統大學所堅持的根本。對我而言，與林校長的同行，是一種心靈的契合與確認。他用生命書寫教育，也用教育映照佛法。他讓我們看見，教育可以是一條菩薩道，一所大學，也可以是一座道場。

願此書如一粒善的種子，播撒在每一位讀者心中，滋養更多的善念與願力。當我們願意在日常中說好話、做好事、存好心，那麼不只個人命運可以轉化，整個世界也將在不知不覺中，變得更平和、溫馨，這不僅是林校長所企盼，更是星雲大師的宏願。

楊朝祥
前教育部長、佛光山教團系統大學總校長

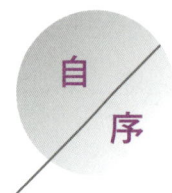

自序　行持三好，共同擁抱生命教育

三好「做好事、說好話、存好心」看起來，似乎很簡單、很平常，可是它的意涵幾乎可以包括任何宗教界的核心理念，不分國界、不分宗教、不分種族、不分階級、不分種姓，幾乎都可以適用。

三好，生命教育的根本

三好也是生命教育的根本，行持的結果不只會影響到一個人的態度、素養，甚至未來往生的層級，這是多麼不可思議！

筆者非常感謝星雲大師讓我有機會參與推動，在實踐推廣的過程，也陸續將自己所見所聞予以彙總整理，希望對參與者有參考借鏡之處。如果能夠啟發有緣者的心弦，共同實踐，那更是筆者的期許。

本書內容分成四部分，首先介紹與星雲大師的結緣參與推動三好的機緣；其次簡易地分享個人心得，三好的行持與身口意三業的影響；再來是分享自己在南華大學推動的經驗；最後呼籲，三好的推廣必須擴展至地球的護育。竭誠地呼籲大家、共同來響應，一起實踐三好的推動。

自序

生命的答案，心念知道

　　記得以前拜讀過日本江本勝博士的著作《生命的答案，水知道》令人感動。他做了很多的實驗，證實了水雖然不會講話，可是人類彼此之間的話語內容，不只會影響到水的分子結構，也會影響到對方或參與者的隱性情緒。

　　譬如用兩杯水，一杯水一直鼓勵它、讚美它；另一杯水一直詛咒它、謾罵它，過了一段時間後，在高倍數顯微鏡下，會發現兩杯水的分子結構呈現完全不一樣的變化。經過肯定讚美的那杯水，其水的分子結構呈現出非常漂亮的菱形或鑽石型的結晶體，可是另外一杯經過謾罵、詛咒的水，它的分子結構會變成零散。

　　江博士經過多次實驗屢試不爽，發現水可以聽得懂我們的話語，也會受到話語的影響，他也好奇：「水是否可以看得懂文字？」他也做了實驗，將讚美、鼓勵、肯定的文字貼在一杯水，另外一杯水則是貼了詛咒、謾罵、羞辱的文字，經過一段時間後，所呈現的分子結構如同前面所示，也是兩極的變化。

　　實驗顯示，說話一定要非常小心，書寫文字也必須要非常注意，因為它的確會影響到周邊的人員，包括附近的事物。

　　江博士後來也應邀至聯合國實驗，也證實了「至心的祈禱」亦會有相同結果，沒有空間距離的限制。國內亦有老師對江博士的發現很好奇，參照他的方式，有的以米飯實驗，有的用念佛持咒或祈禱方式，後來發現結果皆支持江博士的論點，其他如存好心、做好事等，在書

中亦有提及相關實驗或命運的改變。

命由我作，福可自求

「做好事、說好話、存好心」不是一般口號，必須發出誠心誠意去履行。

除了以上的江本勝博士實驗發表外，也有幾本書值得大家閱讀，例如《了凡四訓》，作者為袁黃先生，江蘇人。他早年被精通皇極術的孔先生算定一生的命運，發覺靈驗無比，準確地預測了他的考試成績、官職及薪祿，也還預測他的未來壽命53歲並且膝下無子等等。

袁先生對孔先生的預言之準深信不疑，一度對人生產生了消極，覺得人生一切均是命中註定，失去了努力的動力。後來在棲霞山遇到雲谷禪師，經禪師開示「命由我作，福可自求」，建議他多行善事，力行修福積德並且多誦《準提神咒》。

為了改變命運，他取別號名為「了凡」，立志脫塵離凡，發願行善，並用「功過格」記錄每日行持之功過。後來果真超越宿命，跳脫孔先生的預測，考中進士，生得二子，享年74歲。袁了凡以自己親身經歷，書寫「立命之學、改過之法、積善之方、謙德之效」，勸導後人發願行善，可以改變命運。

善念永純，除去名聞利養之貪念

另外一本著作名為《俞淨意公遇灶神記》，作者為俞都，明朝江西人。早年少年得志，博學多聞，18歲時即考上秀才。

自序

　　後來也與同學成立文昌社,一起修身養性,力行善事、惜紙、放生、戒殺、戒妄言等等。然而18歲之後每3年一次之舉人應試7次皆不中;生了5個兒子4個夭折,一人8歲在外玩耍又丟了;生了4個女兒,3個夭折。妻子悲傷過度,兩眼哭瞎。

　　俞先生自認自己行善多年,卻是功名不遂、妻子不全、衣食不繼。40歲後利用每年除夕,書寫疏文,請灶神轉達上天,表達天理不公。第7年之後灶神顯化,提醒俞先生——意惡太重、專務虛名、隨波逐流、隨風訕笑、敷衍浮況、滿腔意惡等等。

　　俞先生受此點醒,改過自新,誓改前非,取了別號「淨意」,每日在供奉的觀世音大士前叩頭流血,敬發誓願,願善念永純,行善立德,一言一行皆如鬼神在旁,不敢放肆,並且將每月所行所言,用疏文稟告灶神。

　　數年之後,命運改變,後來也考上了進士,並找到失蹤的兒子,妻子也因兒子團聚吻了她的雙眼而恢復視力,感應道交。此篇文章提醒後世:「做好事」必須心純意淨,不能有我執、名聞利養之貪念,即「存好心」的重要。

勸讀、勸行、勸刻、勸講

　　《太上感應篇》是道藏第一善書,道家有名的經典,相傳為晉《抱朴子》葛洪所著,獲得儒釋道各界的推崇,譬如印光大師曾經談到:「若以大菩提心行之,則可以超凡入聖,了脫生死,斷三惑以證法身,圓福慧以成佛道。」印光大師一生供印《太上感應篇》300多萬冊,

與人結緣;其他如李炳南居士等非常多人亦鼓勵世人「勸讀、勸行、勸刻、勸講」,勸世人在還沒有出離三界前,仍然要尊重三界的秩序,遵守三界的法紀。

其內容共有 1,274 個字,在〈第一明義章〉就提到:「禍福無門,惟人自召。善惡之報,如影隨形。」在〈第四積善章〉內提到:「是道則進,非道則退,不履邪徑,不欺暗室,慈心於物。忠孝友悌,正己化人,務孤恤寡,敬老懷幼。昆蟲草木,猶不可傷。」

在〈第十力行章〉亦提到:「故吉人語善、視善、行善。一日有三善,三年天必降之福。凶人語惡、視惡,行惡,一日有三惡,三年天必降之禍。故不勉而行之。」全文仍以勸人行持「做好事、說好話、存好心」為圭臬。

三好,創造一個充滿愛與理解的世界

在這個快節奏的世界裡,我們常常忽略了生活中那些看似簡單,卻充滿智慧的法則。

三好,作為簡單的行為準則,或許聽起來並不新鮮,但它們的深意卻跨越了語言與文化的界限,這不僅是對自己的一種要求,更是對世界的一種溫柔承諾。

這本書,不僅僅是對三好的詮釋,它是一種力量,一種能夠激勵人心、改變生活的力量,懷抱正念,行持三好,讓自己內心豐盈、平和,並將這份正能量傳遞到每一個角落。當每一個個體都能夠善待自己、他人和世界時,我們的社會將變得更加和諧與美好。

自序

　　三好精神，無形中連結著每一個人，不僅作為日常行為的提醒，同時為心靈帶來深刻啟發——正念讓我們從浮躁中回歸寧靜，善意讓我們從自我中走出，關心他人，最終創造一個充滿愛與理解的世界。

　　更重要的是，這本書還將三好精神與環境保護結合，讓我們意識到每一個行為背後，都與地球的未來息息相關。當我們學會從小事做起，從自己的言行開始關愛自然，這份關懷將不止於個人，而是蔓延成集體的力量。每一個善行都是對地球的守護，讓我們在實踐三好的同時，也成為永續未來的一部分。

實踐三好，改變世界的起點

　　由於人的感官功能受到限制，行持三好，雖然它的效果我們不能馬上看得到，但已逐漸在我們的心中起了波動，影響了我們的生命。命由我作，福可自求。三好不是口號，必須正心誠意去實踐。

　　2026年是佛光山星雲大師百歲冥誕，也是我過去人生階段服務最長計11年半的機構——南華大學，創校30週年的大日子，希望以這本書當作星雲大師的祝獻禮，及對南華大學全體員工師生的祝賀禮。記得大師90歲大壽的時候，為了表達對他的感恩之意，個人以校長名義曾動員全校師生及信眾，並請時任藝術中心謝元富主任籌辦書寫《心經》共計一萬部，呈現給星雲大師，表達感謝他對南華大學各方面的支持及貢獻。

　　本書要付梓之前，想要特別感謝很多人。尤其是幾位推薦者，包括前立法院長王金平院長、佛光山總住持心保和尚、前教育部長暨現

行三好　淨三業

在的臺灣教育大學系統總校長吳清基博士，前教育部長也是現在的佛光山教團系統大學總校長楊朝祥博士，以及行天宮志業公益會會長黃忠臣董事長。他們過去對我的指導銘記在心，他們的美言與期許，豐潤了本書的內容。我也要感謝曾經一起打拚、共同奮鬥的老同事、老師及同學；感謝我辦公室以前的秘書林冠儀小姐、現在的兼任秘書郭美伶小姐、秘書室劉家均組長、生命教育中心前執行長林堂馨、傳播學系溫舒維技正，感謝他們提供一些資料及協助。也要特別感謝前南華大學林辰璋副校長、前南華大學的人事室洪添福主任、現任副校長賴淑玲，他們的鼎力支持，協助文字校稿的工作。

書中也加入內人書法以及小孫子童年繪畫，以襯托內容，希望增加閱讀的趣味。本書的完成，要感謝的人實在太多了，無法一一列舉。

此書發行目的，是希望把自己的推動經驗與看法與有緣人分享，祈能拋磚引玉，引起大家共同參與，人人行三好，世界會更美好。

各界揣測今年（2025）下半年之後，地球可能會有不安與動盪，藉此希望能夠喚起更多的善緣一起面對及化解。本書倉促構思，難免有欠周詳，至祈不吝指教，期盼能夠引起更多的共鳴，共同來推廣實踐三好，做好事、說好話、存好心，淨化我們的身、口、意三業，讓整個社會更和諧、更祥和。

Chapter 1

與大師對話：
九字箴言的智慧之光

　　一彈指，32億百千念，亦即320兆個念頭。念頭一起，宇宙虛空即起波動，並與人們的能量層級產生震動。

　　宇宙萬法緣生緣滅，若能時常「做好事、說好話、存好心」，由心念帶引正向的頻率，「善的種子」將在每個人的心中開花結果⋯⋯。

1-1

因緣俱足，
與大師的法緣相遇

2013 年，應星雲大師之邀，來到大師創辦的南華大學服務，並有幸向大師請益，蒙受慈悲加持與諄諄教導。

在此指引之下，我的心靈得到了滋養，對教育理念的領悟也愈加深刻。

2013 年，應星雲大師的邀請，來到這所由百萬人護持所建立的學府，結下深厚緣分。對我來說，能夠近距離跟隨大師的腳步，聆聽他慈悲的教誨，無疑是生命中的一大幸事，因此對生命的理解逐漸有了深刻轉變，對教育的意義也有了全新體悟。

透過茹素、靜坐、禪修等方式，不只讓身心感到輕鬆、安定，而且不容易發脾氣，還能保持頭腦的冷靜，順利應對日常的種種挑戰。我們也將「正念靜坐」透過三級課程委員會納入「大學涵養」通識課程，從調身、調心、調息一步步帶領學生們練習，進而調整散漫的心性，重新找回學習的專注力。

生命，彷彿一條綿延不絕的河流，也將應緣而至的人匯聚在一起。

當我們不期然地回望，總會發現某些瞬間，成為了改變自己或他人的關鍵。對我而言，與星雲大師的相遇，就是那樣一個不期而遇的奇緣。它深深影響了我的人生，使我對教育、對生命的理解更加深刻。

命運召喚，締結深刻的法緣

過去，我與一般信眾一樣，聽過佛光山，覺得相當不錯，也與一般民眾一樣，聽說過星雲大師，覺得他很了不起，是一位宗教界的領袖。

2009 年的某一天夜晚，電話響起，傳來大師那熟悉的聲音：「次長大德，我想邀請您來擔任佛光大學校長。」這句話在耳邊迴響，內心湧上一股莫名的震撼與榮幸，能夠被賦予如此重大的責任，感到這

是一份無上的榮耀。然而，由於當時尚有其他要務在身，委婉地拒絕了大師的提議，心中難免有些愧疚⋯⋯。

時間之河不斷向前，轉眼來到 2012 年，星雲大師再次來電：「次長大德啊，這次您就別再拒絕我了！」此時，心中明白，這是命運的召喚。每一次的相遇，都讓我感受到那份深刻的法緣，於是慨然應允，並在 2013 年 1 月，辭卸教育部次長職務，正式擔任南華大學校長，接下教育傳承的火炬，也開啟了與佛光山更加深刻的緣分。

進入佛光山這個大家庭後，我有幸走訪世界各地的道場，親身參與大師所主持的各種活動，並從中獲得無盡的智慧與無數的啟發。

生命，
彷彿一條綿延不絕的河流，
也將應緣而至的人匯聚在一起。

一切我今皆懺悔，佛光法緣的開端

在追隨星雲大師的過程中，親眼見證了許多友邦國家元首或領導人虔誠向他請益的場景，更親身體會到大師對種種疑難問題的圓融化解之道。這些經歷，不僅開展了我的視野，也使我對大師的智慧與慈悲心深感敬佩。

在我擔任教育部常務次長及政務次長期間，與許多宗教團體都有

Chapter 1

所接觸,但最深厚的法緣,最終還是與佛光山結下。追溯這段緣起,竟是在30餘年前的遙遠澳洲,那時,與星雲大師及佛光山的法緣,便已在不經意間悄然展開,注定成為我生命中不可或缺的一部分。

那是我第一次率領參訪團前往澳洲,特地抽空到佛光山道場參拜。在那片清淨之地,耳邊正好傳來懺悔文的佛曲:

> 往昔所造諸惡業,
> 皆由無始貪瞋痴,
> 從身語意之所生,
> 一切我今皆懺悔。

——《華嚴經‧懺悔偈》

這段旋律如涓涓細流,滌蕩我心,心中波動難以言喻,當下淚如泉湧,久久不能自已。

2002年,佛光山恭迎佛指舍利子來臺,在臺大體育館舉行法會。當時我與內人正好在校園內散步,出於好奇,我們在一旁靜靜地聆聽法音與讚頌,沒想到觸動心弦,眼淚直流。一段時間後,心血來潮,決定前往佛光山參訪,竟再度巧遇佛指舍利子的恭送法會。這一連串

行三好　淨三業

看似偶然的相遇，讓我與佛光山結下了深厚的法緣。

　　光陰荏苒，終於在2013年，應星雲大師之邀，來到南華大學服務，並有幸向大師請益，蒙受大師的慈悲加持與諄諄教導。在此指引之下，我的心靈得到了滋養，對教育理念的領悟也愈加深刻。

**《華嚴經‧懺悔偈》如涓涓細流，
　滌蕩我心，久久不能自已。**

走過艱辛求學路，鼓勵學子安心向學

　　漫漫求學路，對於我這個來自雲林縣臺西鄉海口村的貧困子弟而言，別有一番感觸。當年，因無法繳納學費，不得不中斷在虎尾高中一年級的學業，轉而報考有學費減免且半工半讀的明志工專。即便後來有幸成績優異得以申請碩士班，仍選擇了美國最便宜的大學。這樣的經歷讓我深知，許多家庭的孩子面臨著與我當年相同的困境。因此，在接任校長之後，時常思考如何減輕學生的經濟壓力，提出將學費調整至與公立大學相當，讓更多來自弱勢家庭的他們能夠安心學習。

　　星雲大師出生於揚州一個貧寒的農村家庭，他的童年無緣學堂，但命運的缺憾反而成為他勇敢追求智慧的起點，剃度於棲霞山後，也才正式接觸書籍。在那裡，他以管理圖書館為契機，讓書本成為生命的養分，從字裡行間汲取力量。因此，大師對此提議深表贊同，並全力支持這一創舉、善舉。

　　此外，學校還設立了清寒獎助學金，幫助那些連公立學費也難以負擔的青年學子，確保他們不因經濟困境而失去接受高等教育的機會。

**漫漫求學路，
對於我這個來自海口村的貧困子弟而言，
別有一番感觸。
這樣的經歷讓我深知，
許多家庭的孩子面臨著與我當年相同的困境。**

教育使命，在困境中堅守品德

「十年樹木，百年樹人。」教育的核心，不僅是知識的傳授，更在於品德的塑造。當我們回望歷史，會發現偉大的領袖、先賢，正是因為堅守道德規範，才能夠成就一番事業。

當下社會中，年輕一代的「躺平」現象逐漸顯現，我對此深感憂慮。這不僅是社會結構變化的反映，更是品德與生命教育不足的結果。其次，少子化的問題更加深了這一現象的蔓延。隨著學生人數的減少，教師若過於嚴格，便可能面臨學生流失的風險，這樣的惡性循環使得年輕人對挑戰和困難的承受力逐漸下降。

個人深信，在這個關鍵時刻，我們必須重拾、發揚傳統美德，加強對年輕一代的道德教育，讓他們懂得如何承擔責任，勇敢面對挑戰。

今天，我們需要重視並強化年輕人的品德教育，讓他們在未來的道路上，能夠走得更穩、更遠。

誠如與星雲大師的法緣相遇，讓我深刻體會到生命的意義不僅在於物質的追求，更在於心靈的提升與智慧的傳承。教育不僅是傳遞知識，更是對生命的滋養與塑造。

未來的道路，依然漫長，但個人會繼續承擔起這份使命，將大師的智慧與慈悲，像火炬一樣傳遞下去，照亮更多人的心靈，幫助更多的年輕人在成長的道路上，找到光明前行的方向。

Chapter 1

教育的核心,不僅是知識的傳授,
更在於品德的塑造。

1-2

大師的智慧，
三好運動與人間佛教的
實踐之道

宇宙萬法，緣起緣滅，自有其道。
如果我們能夠時時秉持「三好」精神，
正向的心念將引領我們走向光明之道。
「善的種子」也將在我們每個人的
心中綻放出絢麗的花朵。

在滾滾紅塵中，有些人的足跡猶如高掛天際的耀眼恆星，以其永恆的光芒，指引著迷失的心靈。

星雲大師正是這樣一位偉大的行者，他的一生不僅是宗教的修行，更是對智慧與慈悲的具體體現。他的故事，像一首悠遠的梵音，帶領每一位聽者走進心靈的深處，啟發智慧，淨化內心。

大師的生平及教誨結集成《百年佛緣》等 395 大冊，這不僅是生命的縮影，更是智慧的累積，涵蓋了對生活、教育、宗教和社會的深刻洞察。這些文字讓我們看見，慈悲與智慧的結合如何改變一個人的人生，如何為世界帶來光明。對於許多人來說，這部書不僅是聖典，更是心靈的指南。

人間佛教，將慈悲與智慧播撒在人間

每當翻開報章或轉動電視遙控器，我們總會見到一些讓人不禁心生感慨的事件：家庭成員因爭執而關係疏遠；學生拾獲財物卻索求回報；甚至有些人以暴力行為傷害他人，無視他人的尊嚴。這些畫面令人痛心，也讓我們不禁思考，社會的變遷是否讓我們的心靈失去了方向？是否人與人之間的關懷與倫理，正悄然被物慾的洪流沖刷殆盡？

星雲大師以其高瞻遠矚的視野，將「人間佛教」的理念融入當代社會，發揮其深遠的影響。1998 年，星雲大師首度宣示了「三好運動」的願景——做好事、說好話、存好心，這三個簡單而深刻的教誨，正是人間佛教的具體實踐。

此一理念超越了宗教的界限，跨越了種族、地域與政治的分隔，

像清泉般滋潤著每一顆渴望改變的心。

> 一切好事從我本身做起；
> 一切好言從我口中說出；
> 一切善心從我自己開發；
> 一切善人從我至誠禮敬。

——《佛光菜根譚》

為了將人間佛教的入世精神深植於校園，星雲大師於 2011 年發起了「三好實踐學校」計畫。這一計畫的核心思想是將「三好」精神作為學校品德教育的根基，並希望能夠帶動整個社會的道德風氣。

作為南華大學的校長，我也深受大師理念的啟發，將「三好」精神貫徹到學校的每一個角落，推動校園的品德教育，並讓學生們在日常生活中真正理解到，什麼是做好事、說好話、存好心，實踐生命教育的真諦。

星雲大師曾強調，教育的真正意義不僅在於知識的傳遞，更在於品德的涵養。教育者應該教導學生如何以慈悲心對待他人，如何用正向的語言來影響他人，並且幫助學生理解，社會的和諧與美好，源自每一個人內心的善意與行動。

Chapter 1

> 「三好運動」的精神──
> 做好事、說好話、存好心，
> 正是人間佛教的具體實踐。

慈悲與愛語，轉化人心的力量

《佛光菜根譚》：「讚美的語言，像香水，小小一滴，就能彌漫四周；勸誡的音聲，像宏鐘，輕輕一敲，足以震撼四方。」作為一名教育工作者，我經常思考如何引導學生積極向上和向善。

星雲大師的教誨讓我認識到，教育不僅是知識的傳授，更是一種心靈的薰陶。尤其是在現代社會中，人際關係變得複雜，言語的不當往往會傷害他人，並進一步加劇社會的冷漠與對立。

大師提倡的「慈悲愛語」，正是希望我們能夠通過和善的語言，來提高彼此的信任與尊重，並為他人帶來希望與力量。

正如《佛光菜根譚》所說：「愛語如布帛，讓人溫暖心懷；好話如美玉，讓人喜於引用。」

此一觀點也得到了美國大衛・霍金斯博士（Dr. David Hawkins）通過大量實驗證實，人的意念振動頻率可以劃分在 1 到 1,000 之間。他指出，人的意念振動頻率會影響到其身心狀態，負面情緒會降低能量，而正向的心念則能夠提升人的振動頻率，帶來積極的生命力。

星雲大師的慈悲心，正是這種高頻振動的具體體現。每當我在大

師身邊，我都能感受到那股無私的愛與關懷，它彷彿有著無窮的力量，能夠悄悄地改變周圍的每一個生命。

影響一個人意識能量層級的關鍵因素，乃在於其內心的動機和精神境界。在《菩薩處胎經》中，釋迦牟尼佛問彌勒菩薩：「心有所念，凡夫念頭裡有幾念？」

彌勒菩薩答：「一彈指有 32 億百千念（亦即一個彈指就有 320 兆個念頭）。」

若以一秒能彈指 5 次計算，那麼一秒之間竟有高達 1,600 兆次的念頭生滅變化。念念成形，形皆有識，念頭一起，宇宙虛空即起波動，振動時又因修行者能量層級不同而有不同頻幅，訊息則透過相似或接近的頻率，進行交流與共鳴。正因如此，我們的善心、善念、善語、善行，無不會對周圍產生影響，反之亦然，不能不慎。

> 人的意念振動頻率會影響到其身心狀態，
> 正向的心念則能夠提升人的振動頻率，
> 帶來積極的生命力。

三好運動，種下善的種子

「行為，決定一個人的未來；態度，影響一個人的深度與廣度。」然而，僅有這些理念還不夠，唯有通過實踐，方能真正彰顯其力量。

因此,星雲大師教導我們,透過身、口、意的具體實踐,去做有益於人間的好事,說能鼓舞人心的好話,並常懷祝福他人的好心,以此種下「善的種子」,讓它在心田中生根發芽。

自1998年星雲大師首次提出「三好運動」後,至2011年,大師更是全面推廣此理念,特別在教育領域中推動「三好校園實踐學校」的選拔。透過教育的力量,大師希望營造一個和諧的校園文化,加強品德教育,拉近師生之間的心靈距離。如今,這運動已不侷限於臺灣的校園,更擴展至全球五大洲,成為世界各地學校紛紛效法的典範。

宇宙萬法,緣起緣滅皆自有其道。正因如此,我常常思索,如果能夠時時秉持「三好」精神,那麼,正向的心念將引領我們走向光明之道,「善的種子」也將在每個人的心中綻放出絢麗的花朵。

Chapter 1

　　星雲大師的教誨，如一盞明燈，照亮了無數迷茫的心靈。他的慈悲與智慧，深深植根於每一個追隨者的心中，並在社會的各個角落生根發芽。當我們秉持「三好」精神，做好事、說好話、存好心，不僅能夠改變自己的命運，也能為這個世界注入更多的光與愛。

　　願每個人，都能從大師的智慧中汲取力量，走向心靈的成長，為世界創造一個更加和諧、美好、光明的未來。

**正向的心念將引領我們走向光明之道，
「善的種子」
也將在每個人的心中綻放出絢麗的花朵。**

**願每個人，
都能從大師的智慧中汲取力量，
走向心靈的成長，
為世界創造一個更加和諧、美好、光明的未來。**

1-3

三好生命教育，
日常行善的修行

「做好事、說好話、存好心，若能日日修行，便會如潺潺清泉，流入每個人的心靈中。」

在心中默默立下願望，要將這三句話帶回每個角落，教導每一個年輕的心靈，讓簡單的九字箴言在世間生根發芽。

Chapter 1

有一次，在佛光山全國三好教育的分享研習會上，校長們靜靜地坐在大殿裡，等待星雲大師的開示。

大師站在臺前，眼中透著深邃的慈悲與智慧。

「教育的真正意義何在？教育，並非只是知識的傳授。更重要的，是植入人文思想、品德教育，這不僅僅是為了自己，也是為了整個社會。教育應該幫助學生建立與他人和諧的關係，能夠發自內心自覺地行善，心中有愛，身體力行。」他的聲音如清晨的鐘聲，和緩而清晰地迴盪在殿堂中。

一位校長聽了若有所思，輕聲問道：「大師，這份自覺的心意，怎樣才能傳遞到學生心中？」

大師微微一笑，目光和煦：「其實，並不需複雜的說教，只需簡單的九字箴言——做好事，說好話，存好心。這是人間佛教的基礎，學生們記得住，也做得到。當心中有善，行為自然端正，態度自然柔和。」

簡單話語的開示，彷彿有一股清流，潤澤了每一顆心。

做好事：點滴善行，如露珠滲入心田

我們常聽到：「勿以善小而不為。」那麼，什麼是「善小」？其實，每一件看似微小的好事，皆是心靈的修行。當一名學生彎腰撿起地上的垃圾、擦拭桌椅，或是在公車上起身為長者讓座，這些簡單的舉動，便已是「善小」。

善行，不需要驚天動地，而是將誠意灌注於日常所為，在不經意的瞬間，為自己與他人帶來一份溫馨。

在《了凡四訓》中，明朝的袁黃原本深信命數之說。那一年，他在慈雲寺遇見精通皇極數的孔先生，對方的算命準確無比，讓袁黃心生信服，認定一生的路途都已注定，於是放棄了自我努力，甘於命運的安排。然而，當他後來遇到棲霞山的雲谷禪師，禪師卻告訴他：「命運，並非完全不可改變。若想轉變命運，必須從行善開始。」

這一席話猶如晨鐘般喚醒了袁黃先生，他開始每日用「功過格」記錄自己的行善與過錯，並發願行善三千次。「昨日種種，譬如昨日死；今日種種，譬如今日生。」漸漸地，他發現原先預測的命運開始轉變，於是再度發願行善一萬次，最終改變了自己的人生，並以此經驗勉勵世人：「命由我作，福自己求。」同時應證了《六祖壇經》所說：「一切福田，不離方寸，從心而覓，感無不通。」

此後，他的話語如同燈塔，指引後人走向更積極的人生。每一樁小善，都是改變命運的契機，善念一旦萌芽，便能以溫柔而堅韌的力量化育生活。每天哪怕只做一件小事——幫人一個忙、拾起一片垃圾、送人一句問候，這些善行便如露珠悄悄地滲入心田，不斷豐富著我們的生命。

**每一樁小善，都是改變命運的契機，
善念一旦萌芽，便能以溫柔而堅韌的力量化育生活。**

無相布施，不爭不執不求

「請問校長，為什麼我們經常看到一些知名人物捐棺蓋廟或扶持慈善機構？這樣的行為是否也是一種布施呢？」

在這個問題中，隱約映射出一個深刻的課題——布施的背後，是心意的真實與無求。

若布施背後含有求名、求利，甚至是為了追求個人的福祉與名聲，那麼這樣的布施便可稱作「有相布施」，它雖然具有福德，但這份福德終究是有限的，是侷限在物質世界中的一種回報。

當布施者心中生出「有」的概念，無論是對名譽，還是對財富的渴望，那份布施便不再純粹。正如同湖面上的倒影，總是隨風波動，終難保持其原本的樣貌。

然而，當布施者的心無所求，只是為了他人的需要而自發付出，完全不計較回報與得失，那便是「無相布施」。

布施有所謂財布施（金錢或物質援助）、法布施（真理與智慧的教化啟發）、無畏布施（讓人無所畏懼、沒有罣礙的支持力量），種種無所求的布施，是心靈最純粹的展現。無相布施不取於物，而取於心，因為源自於一顆與萬象不爭、不執、不求的心而功德無量。

人生如是，若能做到無相布施，無所執著，便是解脫的開始。這樣的智慧，將在無聲無息間，為我們開啟一條通向心靈自由的道路。而這條道路，將帶領我們走向更為深遠的境界，等待著下一次更為深刻的覺醒。

> 「無相布施」是一種無所謂的布施，
> 是心靈最純粹的展現。

說好話：口出蓮花，讓心意如花開

行為如露，言語如花。所謂「口出蓮花」，便是以溫柔的語言讓人心如沐春風。善意的話語，不僅能慰藉他人，亦能潤澤自己。生活中，無論是與人交流還是互相鼓勵，一句真誠的讚美、一句輕聲的安慰，都是修行。

哈佛大學長期進行的「成人發展研究」（Harvard Study of Adult Development）告訴我們，經常進行正向交流、表達感謝和關懷的人，不僅擁有更高的幸福感，身體也更加健康長壽。這些參與者裡，那些習慣用語言傳達溫情的人，身體輕盈，心靈愉悅，生活也充滿著由內而外的喜樂。正面的語言猶如心靈的一帖良藥，對情緒、心理和身體健康都有深遠的影響。

一聲輕輕的讚美、一句溫柔的問候，便如一場春雨，悄然滋潤著我們的內心，也柔和了周圍的氣氛。除了哈佛之外，耶魯、哥倫比亞等多所大學的研究中，也證實了這一點：一個家庭或團體，若能時常以和諧的語言交流，成員間的關係便更加緊密，生病的比率也顯著降低。這些研究告訴我們，語言所帶來的影響不僅僅是片刻的快樂，更是一種療癒的力量。

因此，讓我們在生活中多說好話，用肯定的話語鼓勵學生或朋友，

用溫暖的話語感謝父母,向老師問候,並稱讚身邊的每一個人。這些語言中的蓮花,會在心田中悄然綻放,滋養著我們的靈魂,讓內在更加清淨,也讓外在更加和諧。

在日常生活中,我們何不多說一些好話?用溫暖的話語去感謝父母、向老師表達敬意、稱讚同學和同事、對學生施以鼓勵。這些從心底流露出的蓮花之語,會在他人心田中悄然綻放,滋養著他人,也悄悄調和了我們的內在,讓內在更加清淨,也讓世界更添一層清淨與和諧。

> 從心底流露出的蓮花之語,
> 會在他人心田中悄然綻放,
> 滋養他人,也悄悄調和了我們的內在,
> 讓內在更加清淨,也讓世界更添一層清淨與和諧。

好好傾聽與好好說話,同樣重要

除了說好話、好好說話之外,我們也要學會如何好好地「傾聽」。

有一位年輕人,懷著滿腔熱情,前往蘇格拉底的學堂,請求他傳授演講的藝術。他一開口,便滔滔不絕。然而,蘇格拉底聽完後,並未立刻給予應有的讚賞,反而淡然一笑,向他索要了雙倍的學費。

「為什麼要我支付雙倍學費呢?」年輕人愕然,疑惑地問道。

「因為我要教你兩項功課，第一是如何閉上嘴巴，第二才是如何真正地演講。」蘇格拉底充滿深意地說。

這番話猶如一道閃電，劈開了年輕人內心的迷霧。蘇格拉底的用意深遠，不僅是提醒他，話語的力量並非一味的喧囂，而是要學會如何在沉默中蓄積力量，並在適當的時刻發出深具分量的聲音。

一如《佛光菜根譚》記載：「冷靜傾聽，不只增加知識，而且受人歡迎；空談閒論，不只令人生厭，而且暴己之短。」

經營之神松下幸之助說：「細心傾聽他人意見，是經營的首要秘訣。」台積電創辦人張忠謀也分享過：「人生成功的秘訣就是『聽』，而且『聽』往往比『說』重要，要『懂得聽，且聽得懂』。」

其實，真正的溝通，並不只是語言的流暢，而是能夠聽見他人的心聲，理解他人的需求，並與之產生深刻的共鳴。

傾聽，不僅是出於禮貌的應對，更是一種深厚的修養與智慧的象徵。當我們靜心聆聽，他人的言語不再是干擾，而是一扇窗，讓我們窺見對方的內心世界。而只有在這樣的聆聽中，我們才能真正汲取他人的知識與經驗，拓寬自己的視野，豐富自己的內涵。

Chapter 1

　　當我們學會聆聽，放下自我的急切，讓別人的聲音在心中迴響，那一刻，才會發現——演講不僅僅是言詞的表達，更是心靈的對話，是一場與世界溝通的旅程。

　　當我們聽懂了別人，話語將不再只是表達、溝通，而會成為一種力量，能夠觸動心靈，改變世界。在這條通往智慧與理解的道路上，每一次傾聽，都是一個全新的開始。

> 真正的溝通，並不只是語言的流暢，
> 而是能夠聽見他人的心聲，
> 理解他人的需求，並與之產生深刻的共鳴。

存好心：心如明鏡，意如清泉

　　言行皆為枝葉，心便是根本。所謂「存好心」，便是讓內心時刻保持善良的初心，如清泉般清澈，不因環境而改變，不因得失而動搖。當我們擁有一顆清澈的心，便能平靜地面對生活中的每一個波瀾，以慈悲的態度對待每一個人。

　　心之所存，如同種子，會在生命中開出什麼樣的花，便取決於這顆心的本質。《金剛經》有云：「應無所住而生其心。」當心無所住，便如湖水般映照天地，隨時隨地善念而行。存好心，並不需要大張旗鼓，而是日常中默默行之。看見落葉，心生憐惜；見到迷途者，心生

指引；碰到困頓者，心生援手，便是存好心的意義。

心存善意，便如種子深埋土壤，隨著時間，會在心中生出堅定的善意，讓我們無懼無畏。世間的福氣與安寧，其實皆來自一顆寬厚慈悲的心。當我們引導學生們將善念內化，便是在他們心中埋下一顆平和的種子，教會他們在人生的風雨中，也能心懷善意，找到真正的幸福。

因此，讓我們在日常生活中練習存好心，無論是對家人、同事，還是過路人，以真誠和善意為動力，當我們不斷將善念內化，內心便會如鏡般清澈明淨，滋養著靈魂，讓外在也變得更加和諧。在生活中默默地存好心、說好話、做好事，這些小小的善意終將化為燦爛的花朵，盛開於心中，讓人間溫暖。

**心存善意，如種子深埋土壤，
隨著時間，在心中生出堅定的善意，
讓我們無懼無畏。**

外不著境，內不動心

「外不著境，內不動心。」這句話，猶如一盞指路的明燈，照亮了我們迷茫的心靈。

為何一言不合就心生不快？為何一場小小的波動，便能撼動我們

的情緒？那是因為，我們已經「著了境」，心隨外物而動，深受「貪瞋痴慢疑」五毒的影響，心中的純淨被塵埃所覆蓋。

《心經》提到的「觀自在菩薩，行深般若波羅蜜多時，照見五蘊皆空」，其實是對心念的警醒。當我們面對外界的種種時，若能不被事物牽引，無論歡喜、憂愁、愛憎，都能如清泉般清澈，無波無瀾，那麼煩惱便會自然而然地消散。當我們在人生的洪流中航行，如果能夠穩住心舵，不被外界的風浪左右，終能抵達智慧、解脫與圓滿的心靈彼岸。

若是想要達到這樣的境界，我們可以通過打坐來練習心的清靜。打坐並非拘泥於某一種姿勢，而是要讓心靈沉靜，達到內外合一的狀態。其實，這種清靜並不僅僅存在於靜坐的片刻，而是處於「二六時中」，24小時中的每一分每一秒皆如是。

無論是在行走、站立、坐臥，心若不動，即可隨時隨地與內心合一。這是對「行住坐臥皆是禪」的深刻理解，身心如水，無所不在。

《楞嚴經》也告訴我們：「理可頓悟，事須漸修。」理，猶如一面大明鏡，隨時可以洞察一切；然而，事則如同大海的波濤，必須經過漸漸的修行，才能深刻領悟靜水深流的力量。每天進步一點點，哪怕是微不足道的改變，像（1+0.01）的 N 次方，終將會在無形中積累成一座巍峨的高山，讓我們更接近心靈的真正自由。

在這條修行之路上，我們不必焦慮，也不必急於求成。每一個當下的覺察，每一次微小的調整，都將引領我們逐漸走向心靈的清明與

自在。這條路，雖然曲折漫長，但每一步，都會更接近那份不動的心境，讓我們在這個浮躁的世界中，依然能保持一份內心的安寧。

這樣的安寧，不僅是對自己的寬容，更是對外界一切變化的從容。

倘若我們能夠駕馭這份內心的平靜，外界的煩憂便不再能左右自身的情緒，未來的每一刻，都將是心靈的昇華。這份智慧，值得我們一生去追尋。

「理可頓悟，事須漸修。」
每天進步一點點，
終將會在無形中積累成一座巍峨的高山，
讓我們更接近心靈的真正自由。

以善行、良言和純淨心態，改變世界

「做好事、說好話、存好心，簡單的九字箴言，若能日日修行，便會如潺潺清泉，流入每個人的心靈中。」大師微笑著看著眾人，目光慈祥而溫和。

九字箴言如同流水潺潺，不僅是一個簡單的指引，更是一種生活的智慧，能夠引領我們走向內外和諧、心靈安定的道路。

在我們的教育與生活中，若是將這三個簡單的概念融入日常，一來能夠滋養自己，二來也能夠溫暖他人，同時提醒在日常生活中，如

何以善行、良言和純淨的心態來改變自己,進而影響這個社會。

願我們都能在日常生活中實踐三好,讓善的種子在每一個人的心中生根發芽,並以行動改變世界。

我靜靜地坐著,心中默默立下願望,要將這三句話帶到每個角落,教導每一個年輕的心靈,讓這簡單的九字箴言在世間傳布。

**九字箴言如潺潺清泉,
不僅是一個簡單的指引,
更是一種生活的智慧,
能夠引領我們走向內外和諧、心靈安定的道路。**

1-4

靜觀教育，
在浮沉中尋找本心的光

　　教育的目標，似乎不僅僅是招生率或財務平衡。

　　對於許多教師而言，教育的初衷從來不只是將知識簡單傳遞，而是培養學生的品德、智慧與責任感。

在這個時代，教育的前行步伐似乎逐漸減緩，少子化的影響正如潛流般蔓延。最近教育部公布的註冊率統計，不僅揭示了招生的困境，也勾起了社會對教育未來的深切隱憂。

在少子化的亂象中，守護初心

近年的註冊統計，宛如一面冷靜的鏡子，映出一個個讓人深思的數字——根據教育部大專校院校務資訊公開平臺資料顯示，2022 年在 148 所大學當中，有 107 所大學新生註冊率下滑。註冊率未達六成者有 19 所，其中未達五成者有 7 所。

在這些冰冷的數字背後，隱藏著人口結構深層的變遷：昔日的出生高峰已成過去，2024 年新生兒僅剩 13 萬餘人，未來可能會更低，這不僅是一連串數字的遞減，更是對教育與社會的深層考驗。

少子化的影響悄然而至，彷如冬日的一縷寒風，改變著學校的運行模式、影響著教學。併校、減班的潮流席捲而來，但在這一波波衝擊之中，我們是否曾靜心自問：教育的根本，究竟該如何穩固？教育的意義，難道只是數字的增減？

辦學校的目標，似乎不僅僅是招生率或財務平衡。對於許多教師而言，教育的初衷從來不只是知識之傳遞，而是培養學生的品德、智慧與責任感。然而，當少子化的浪潮席捲而來，學校該如何在生存壓力下進行自救？

這正是推動星雲大師「三好運動」理念的適當時機——「做好事、說好話、存好心」，這三項指引彷彿是一盞明燈，指引著教育應該如

何在亂象中守護初心。

**三好彷彿是一盞明燈，
指引著教育應該如何在亂象中守護初心。**

三好，生命教育的啟示

　　星雲大師的「三好運動」如一盞明燈，為教育指引一條回歸初心的路。這三個言簡意賅的原則，不僅僅是善行的提倡，更是教育的心靈之道，提醒我們不被現實的浮沉所動，守護那份教育者應有的信念與慈悲。

　　當少子化的壓力讓學校競相追逐有限的生源，一些學校甚至不得不對教師施壓，讓他們避免淘汰學生、降低評量標準。學生則越來越

把自己視為「客戶」，要求愈多，稍有不滿便以轉學相要脅。在這樣的情境中，教育品質被逐步忽視，師生之間的距離漸漸拉遠。

「真正的教育，不在數字，而在於心。」我對南華大學的教授們說道：「我們要讓孩子們在這裡找到心靈的安住，這才是教育的價值。」

《華嚴經》有云：「戒為無上菩提本，長養一切諸善根。」此處的「戒」，不僅僅是外在的規範，而是一種源自內心的自律與省察，讓人時時自省，直視內心。星雲大師以人間佛教推動「三好運動」，正是如此理念的延伸。

三好運動是一種生活中的自省與修行，讓人從內心深處開始淨化，並將善的力量延展到生活中，影響所及的人事物。

在日常的教育實踐中，這三個原則可以幫助學生建立起正確的價值觀，進而改變他們的行為和思維方式，形成積極、健康的人格。

◎做好事：行為上的善行，可以給人方便，從小處著手，能夠改變個體，也能促進社會的和諧。在學生的教育中，這不僅僅是傳授知識，更教會學生如何將善意與行動結合，成為有責任感的社會公民。

◎說好話：語言是溝通的橋樑，也是影響心靈的力量，可以給人信心、給人歡喜、給人希望、給人方便（四給）。教育不僅需要傳授知識，還要在言語中灌輸正能量。因此，說好話、好好說話，都同等重要，用積極、正面的語言與學生交流，能夠有效地激發他們的潛力，並且幫助他們建立自信與勇氣。

◎**存好心：**教育的核心，是每個人的內心修為。學生的品德、態度和思維方式，往往來自於內心的潔淨與善良。保持一顆純淨、正面、善良的心，能夠幫助學生在面對困難和挑戰時，依然保持正直與積極的態度。

> **三好運動是一種生活中的自省與修行，
> 讓人從內心深處開始淨化，
> 並將善的力量延展到生活中，
> 影響所及的人事物。**

三好運動，重塑教育的意義

對於學校與學生而言，「三好」的意涵更為深刻。教育的價值不是在名校的招牌、不是在炫目的成績，而是讓每位學子在校園中找到自己、完善自我。

教育不僅要培養知識，更要栽培一顆無怨無悔的心，讓他們在這個世俗浮華的世界中，仍然保有純粹善良的品德。這不僅是個人的修為，更是集體意識的昇華。若能藉此運動引領學生們學會自我省思、約束行為，那麼，他們走向未來的每一步都將帶著這份智慧與品德。

少子化的問題，的確給予學校沉重壓力，而財務的重擔似乎也難以在短期內化解。然而，教育不應僅僅是現實條件下的生存競技場，更是心靈的淨化之所。若我們能以「三好」的精神為指引，為學生樹

Chapter 1

立善的標竿，教會他們怎樣在現實中堅守自己的本心，培養其品德、智慧和責任感，那麼，無論是生源的減少，還是招生的困境，都不會斲傷教育的本質。

在面對少子化的挑戰與教育的變革時，「三好運動」為我們提供了一個回歸初心、守護教育本質的指引。

通過做好事、說好話、存好心，教育能夠在浮沉中穩固根基，重新找到心靈的光芒，並引領學生走向更具智慧與品德的未來。這不僅是對教育者的呼籲，更是對每一位學生心靈成長的期許。

三好讓教育能夠在浮沉中穩固根基，重新找到心靈的光芒。

1-5

生命如樹，
根深葉茂方能抵禦風雨

　　策略大師麥可・波特曾說：「在競爭激烈的環境中，所謂成功的策略並不只是在相同事情上做得比別人好，而是做出與眾不同的特色。」這句話深深打動了我，要走出自己的路，讓南華擁有無可替代的核心競爭力！

當少子化的浪潮大舉襲來，教育界面臨一場空前的考驗。

許多人開始議論——大學究竟如何在這場考驗中找到出路？我深知，這不該是消極的無為等待，而是積極的尋找生機。

「如何讓南華大學在這場風浪中站穩腳步？」我問自己。

策略大師麥可‧波特（Michael Porter）曾說：「在競爭激烈的環境中，所謂成功的策略並不只是在相同事情上做得比別人好，而是做出與眾不同的特色。」這句話深深打動了我，要走出自己的路，讓南華擁有無可替代的核心競爭力。

活出特色，把學生帶向更廣闊的未來搖籃

南華大學的誕生源自於星雲大師的願景，「百萬人興學」，這願景如同一片浩瀚的海，藍海策略成了我們的指引。我們選擇的不僅是求生存，更要活出特色，活出無可取代的意義。

「心中有感恩的念頭，是取之不盡的寶藏；眼裡有芸芸的大眾，是用之不完的福緣。」星雲大師曾說，南華的心在於「生命關懷、公義公益」，讓每一位學子在這裡找到生命的方向。我時常想起這句話，當看見學生們因為南華而成長，心中便充滿感恩。

2013年，南華展開了「希望工程」，我們期望將每一位學生都「帶上來」，讓他們都感到被支持。隨後我們進一步推動「飛躍工程」，希望學生們能自信飛揚；到了2017年，校務發展再邁向另一個高潮，我們轉向「品牌工程」，讓每一位學生都能充滿活力，自信地走出屬

於自己的道路。

「這不是一場競爭，而是為每位學子打造的舞臺。但我們該如何繼續？」我低聲問自己。

秉持「慧道中流」的校訓，堅持我們的教育願景。所以，將「生命教育」、「環境永續」、「智慧創新」成為南華的根基，讓三好校園的概念滋養每一個人。以生命力、學習力、全球視野，為南華人注入無限的未來。

南華大學的成就不僅來自於教學卓越計畫的支持，來自於教育部和各界的肯定，更來自於學生們在這片校園中展現的無限可能。如今，我終於明白，那些努力並非為了名次，而是為了在變動的世界中，為每位學子點亮屬於他們的光芒。

在這段旅程中，我們的目標不僅是存續，而是讓南華成為一個讓每顆心都找到歸屬的地方，一個把每位學生帶向更廣闊未來的搖籃。

**南華的心在於「生命關懷、公義公益」，
讓每一位學子在這裡找到安放生命的方向。**

特色化、差異化、整合化，讓生命力帶動生命力

我靜靜地站在南華校園的樹蔭下，心中感受著一股平和而沉穩的生命力，那是由每一位學生、每一位教師共同構築的力量，讓這片土

地滋養出獨特的品牌。

　　在南華大學，我常對學生說：「生命如樹，根深葉茂，方能抵禦風雨。而我們，就是這棵樹的園丁，悉心呵護，讓它茁壯成長。」

　　生命教育，如一場關於人與天地、心與宇宙的交心對話，串聯起人與自我、他者、環境乃至整個生命網絡的交響樂章。它不僅是教育的課程，更是一種生存的智慧，是人類對生命本質的探究與啟發。

　　1997年，臺灣首次由省教育廳推動「臺灣省國民中學推展生命教育實施計畫」，正式開啟了官方生命教育的序章。歷經二十餘載，生命教育在臺灣已然枝繁葉茂，成果斐然——從學校課程的正式融入、

教材的編撰，到教學經驗的廣泛分享，每一環節都見證了這片土地對生命的尊重與珍視。尤其面對 AI 時代的浪潮，生命教育的價值愈加顯現，將生命的感知與連結注入物聯網的時代脈動中，勢必成為未來教育的耀眼明珠。

南華大學，這座以生命教育為核心的學府，正是臺灣生命教育的一片沃土。我們深信「生命力帶動生命力」，這並非僅僅是口號，而是學校辦學的核心理念，將「特色化、差異化、整合化」三者融為一體，是一種能量的流動，一種彼此提攜的力量，建構了一個獨特的教育生態系。

◎**特色化**：強化南華的定位與內涵，使我們真正成為一所生命關懷、公益公義、國際知名的教學卓越大學，這是日復一日澆灌、呵護所結出的果實。

◎**差異化**：讓我們在眾多學府中展現獨特的面貌，每個學生在這片校園中被喚醒其獨特的生命力。我們鼓勵他們不僅在學術上精進，更在生命中找到方向；我們相信，每個人都應該擁有屬於自己的路，而南華就是那座引導的燈塔，帶領他們找到屬於自己的康莊大道。

◎**整合化**：另一層次的智慧。我們整合國際教育趨勢、佛光山的教育資源，並結合國家政策，前瞻布局，以更深遠的視角構建生命教育的品牌。這一點讓我心有所動，南華並不只是孤獨地行進，而是與世界連結、與趨勢同步，在這樣的諧振、共鳴之中，找到自己的節奏。

Chapter 1

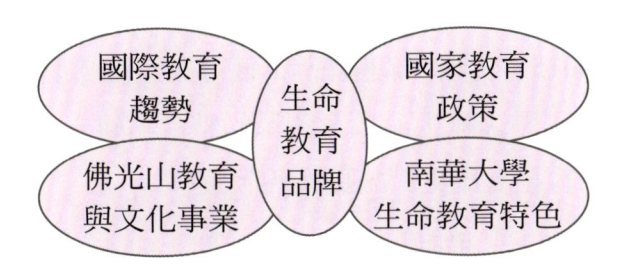

南華大學生命教育整合向度。

**面對 AI 時代的浪潮，
生命教育的價值愈加顯現，
將生命的感知與連結注入物聯網的時代脈動中，
勢必成為未來教育的耀眼明珠。**

為學子創造一條適性發展、意義非凡的道路

在這條教育道路上，學校秉持著對學生的深切關懷與引導，讓每一個學子都能夠在這片土壤中茁壯成長，找到屬於自己的康莊大道，邁向廣闊的未來。

為了實現這個目標，我們從「組織制度、課程教學、教師增能、學生成長、推廣產學、評量改善」六個方面，全方位地打造一個「以生命教育為核心」的教育體系，構築一條讓師生共同成長的生命之路。

在組織制度方面，南華大學以「生命教育中心」為核心，成立了推動小組，自 2015 年以來，連續十年獲得國家級「教育部生命教育中心」的肯定。透過國際生命教育資源的整合，建立了亞洲生命教育聯盟，為生命教育拓展出更深、更廣的版圖。

　　而在課程教學上，推動「正念靜坐」與「成年禮」的必修課程。每一堂課都是一份禮物，送給每位學子內在的心靈世界。課堂之上，我們不僅重視專業領域及通識課程的知識傳授，更希望每一顆心靈都能觸及到生命的深處，帶著覺察、感恩，與世界溫柔相處。

　　「教師增能」也是我們重視的根本之一。我們鼓勵每一位老師成為「生命自覺的種子」，他們不僅是知識的傳遞者，更是啟迪靈魂的導師。他們帶領學生不僅思考如何成為更好的專業人才，更讓學生成為生命中堅韌、智慧的實踐者。

　　至於學生成長，則是令我最深受感動的一部分。南華推動「三好校園」，實行「三好認證」，讓每位學生在生活中實踐「身體好、心理好、心靈好」的三好精神，透過各式各樣的活動，他們學會與自己和解，與世界和諧相處。

　　我們更重視產學推廣，這不僅是一個計畫，更是生命教育的延伸。我們結合佛光山與社會各界的力量，推動生命教育進入各級學校、社區，甚至跨越國界。透過這條「我好、你好、他好」的共好之路，讓生命教育成為一份禮物，傳遞到更廣大的地方。

　　最後，在評量改善方面，我們堅守「沒有最好、只有更好」的信

念，不斷檢視和調整，編製生命自覺量表，每年檢測和改進，這是一份承諾，持續為每位學生、每位教師提供一片能成長與覺醒的園地。

儘管身處少子困境仍能積極應對，通過「三好生命教育」打造一個充滿活力的校園和世界，為學子開拓一條康莊大道，為未來培育具有社會責任感、全球視野、創新思維和心靈深度的新時代領袖。

通過「三好生命教育」
為學子開拓一條康莊大道，
為未來培育具有社會責任感、
全球視野、創新思維和心靈深度的新時代領袖。

以「生命教育品牌」為核心，周圍環繞六個花瓣：組織制度、課程教學、教師增能、學生成長、推廣產學、評量改善。

南華大學生命教育推動架構。

行三好　淨三業

Chapter 2

身心靈生養力行：
行持三好．淨化三業

若以清燈為喻，三好便如同那盞燈的火苗，指引著迷失的行者，讓人在黑暗中不至於迷失自我。

在日常生活中行持三好——身行善事，口出善言，心存善念，用以淨化三業——身業、口業、意業，消弭三毒——貪、瞋、痴衍生的根本煩惱，達臻戒定慧三學的實踐綱領。

2-1

三好淨化三業，
實踐戒定慧三學

以心為戒，以行為律，從日常的點滴開始，為自己與眾生共建和諧的世界，攜手邁向無上的菩提境界。

人生難免會有些過錯與失誤，然而，最重要的，是能夠在迷失後幡然悔悟，並痛改前非。因果是但凡走過必留下痕跡，因此很多人會問：「如何消除這些業障？」其實，答案並不複雜──奉行三好，就是一條簡單的入門之道。我自己也從中受益匪淺，獲得了無數正向的回饋。

三好，讓我們能夠在喧囂的世界中，找到片刻寧靜，靜心感悟生命的真諦。當我們的心與天地萬物互通，與它們同頻共振，生命的真諦便會逐漸顯現。從日常生活中的每一個小小善行、善言、善念開始，我們便能夠一點一滴地為自己、為他人，創造一個更加和諧的世界。

在茫茫人海中，我們若以一盞清燈為喻，三好便如同那盞燈的火苗，指引著迷失的行者，讓人在黑暗中不至於迷失自我。

當火苗微弱，它提醒我們要加以呵護；當火苗熾旺，它照亮了眼前道路，讓我們在穩定的光亮中行走，而不感到迷惘。戒律，正是這盞燈的精髓，它並非束縛我們的枷鎖，而是為心靈自由創造無邊疆界。

戒律的真義，心中的修行

《華嚴經》提到：「戒為無上菩提本，長養一切諸善根。」這句話不僅揭示了戒律在佛教修行中的重要性，也提醒我們在生活中應該如何修持善行。

持戒，不僅是對宗教清規的遵循，更是一種自我修行。星雲大師以嚴謹的態度要求自己，且對弟子們也提出了高標準：「在外如果袈裟穿不住，以後就不要回來山上了。」這種嚴以律己的精神，讓大師

在弘法與修行中同時具備定力與智慧。

戒律是佛法的根本，其意不僅在於形式的遵守，更著重於心性的淨化。回想大師曾對我說過的一句話：「戒不在於形式上的嚴守，而在於心中的純淨和善念。」這番話讓我深深思索，戒律的真正力量並不在於外在的條條框框，而在於內心的修持與善念的培養。

正如星雲大師所言，戒是一種善法的基礎，重在止惡揚善與饒益眾生。根據《四分律》，佛門中的戒律，從比丘的 250 戒、比丘尼的 348 戒，到沙彌的十戒（身：不殺生、不偷盜、不邪淫；口：不妄語、不惡口、不綺語、不兩舌；意：不貪欲、不瞋恚、不邪見）與信眾的五戒（不殺生、不偷盜、不邪淫、不妄語、不酗酒和不吸毒），涵蓋了生活的方方面面。

持戒，
不僅是對宗教清規的遵循，
更是一種自我修行。

從戒中生定，從定中啟智慧

持戒並非約束，而是一種指引，助人聚焦於心靈的純淨。從戒中生定，從定中開啟智慧，引領人們在修行路上菩提花開。

然而，身處現代社會，許多戒律的實踐正面臨挑戰：

Chapter 2

——為鼓勵放生，一些團體大量購買禽鳥（或魚類）進行放生，但在捕捉與運送過程中，反而導致生靈傷亡，究竟是放生還是殺生？

——五戒之一的戒酒，在日常社交場合如何融入？是否碰觸即為犯戒？

——佛教提倡素食，但在不同文化中，如西藏、韓國與日本，許多佛教徒依然食葷，甚至結婚生子，這是否與佛法精神相悖？

——在提倡平等的時代，兩性互動頻繁，如何在遵守戒律的同時適應現代社會？

這些問題看似矛盾，卻反射出佛法與時俱進的智慧與挑戰。

星雲大師曾說，制度如同階梯，引領修行者步步登高，但它必須因時、因地、因人而適應。2,500 年前，從印度傳入中國的戒律，有些已無法完全適應現代社會的需求。舉例來說，佛教的根本戒律應當保持，但「小小戒」則可依風俗、地域、文化等因素作出調整。這種

行三好　淨三業

靈活性正是佛法——特別是人間佛法「隨機應變」的圓融精神體現。

戒律的核心在於「發心」，而非「教條」。它不在於形式的苛求，而在於精神的淨化與心性的提升。唯有從心出發，將戒律融入生活，進而體悟佛法的深邃智慧，並在塵世間踐行慈悲與智慧的圓滿之道。

> 大惡病中，戒為良藥；
> 大恐怖中，戒為守護；
> 死闇冥中，戒為明燈；
> 於惡道中，戒為橋樑；
> 死海水中，戒為大船。

——《大智度論》

持守淨戒，猶如航行大海中的船舶受到燈塔、指南針之指引，得以避開一切險惡暗礁、淺灘，安然航向目的地。

戒律，像一道無形的護盾，護佑我們免於種種煩惱與迷惑的侵擾，在這片廣闊的世界中，踏實地走向清明和圓滿。

煩惱，是心中的雜草，若不加以清除，便會迅速蔓延，攪亂我們的情緒和思緒。戒律，是一把鋒利的鐮刀，能修剪這些煩惱的枝條，使心境逐步清明、安定。

《佛光菜根譚》：「修身要嚴，莫使造諸惡；修心要密，莫使生欲念。」唯有清淨三業，亦即身、口、意三者的清淨，是我們修行的美好目標。

每一個動作、每一句話語、每一個念頭，都在不斷塑造我們的心性。當我們的身心淨化，三業和諧，內外合一，便能澈底超脫種種煩憂，達到心靈的究竟自由。

每當我們回望自己在生活中的修行，或許偶有過失，但只要我們真心懺悔，保持一顆清淨的心，那麼戒律便不再是沉重的負擔，而是心靈的自由。戒律，原來是一條指引我們超越凡塵、走向自我解脫的道路。而這條道路，最終將通向內心的無限自由與光明。

> 持戒並非約束，而是一種指引，
> 助人聚焦於心靈的純淨。
> 從戒中生定，從定中開啓智慧，
> 引領人們在修行路上菩提花開。

世間萬象，皆由共業所生

善念如清風，無雜無礙，悄然拂過心靈的湖面，令浮躁與陰霾無處藏匿。

命運如同一條寬廣的河流，人類始終難以抵擋其流動的力量。然

而，面對那紛亂的時局與無常的變遷，我們究竟該如何處理，如何將外界的喧囂轉化為內心的平靜與堅定？如同一座古老的燈塔，在暴風雨中屹立不搖，永遠指引迷途的舟船歸航。

記得《傳法正宗記》裡有四句偈語，揭示了深邃的智慧：「心隨萬境轉，轉處實能幽；隨流認得性，無喜復無憂。」這四句話看似簡單，卻蘊藏著無窮的道理。

心若隨著萬象變化而轉動，則我們的情感與思維也如同風中之葉，飄零不定。但若能在轉處見幽深，便能觸及心靈最深處的寧靜，不受外界動盪所擾。

隨流而行，認清自己的本性，便不再為外界的風霜所喜亦不憂，因為我們心中已自有一片清明天地。

世間萬象，皆共業而生。每個人、每個家庭，甚至每個社會，都在共同的因緣中編織著命運的網。

所謂共業，就是大家在集體意識的影響下，共同創造出的結果。當社會經歷風雲變幻、動盪不安的時候，每個人似乎都無可避免地受到牽引與影響。然而，佛法中也指出，即便我們身處於不善的共業之中，依舊能夠創造屬於自己的別業。

別業，可以是指個人因自己的善心、善語、善念、善行而累積的福報或功德，這樣便可不受惡業的牽制，能夠為我們帶來希望與力量。

當整個地球面臨暖化與環境危機時，這是人類共業所帶來的結果。然而，我們依然可以選擇走出一條不同的路——每一個為環保出

力的行動,每一個不隨便浪費資源的行動,例如蔬食、資源回收等,都是在積累屬於自己的別業。

《佛光菜根譚》也說:「時時開發自己,以求自度;念念開發社會,以期度他。」透過身行善事、口出善言、心存善念,我們不僅能減少外界的動盪與傷害,更能在這喧囂的世界中,創造一片屬於自己的寧靜海洋。

有人問,當世界顯得混亂與不安時,我們又該如何在這片迷霧中尋找希望的曙光呢?

當我們力行「三好」與「四給」——給人信心、給人歡喜、給人希望、給人方便,達到自利利他的修行法門,如同涓涓細流的善行與正念,最終匯聚成大海,浩瀚無邊。

當我們每個人的善業,累積到足夠的程度,便能如同一顆明珠,照亮自己,也照亮他人。

人生的迷霧與困厄,雖然無法完全避免,但我們可以選擇在其中找到自己的方向,堅守那份不被外界動搖的內在信念。

「心隨萬境轉,轉處實能幽;
隨流認得性,無喜復無憂。」
善念如清風,無雜無礙,
悄然拂過心靈的湖面,令浮躁與陰霾無處藏匿。

以人為本，行持三好精神

《佛光菜根譚》：「眼中看人無貧富，耳裡聽音好處想；口中說話無荊棘，身手做事好商量。」星雲大師傳承生命之火於大願之中，創立「人間佛教」的理念，將佛法從深山古剎帶到人間世界，讓它不僅是一種信仰，更是一種生活方式，同時以「做好事、說好話、存好心」的三好精神，將佛法的智慧融入日常，更易被大眾接受，讓人人都能從中受益。

以下是大師「以人為本」的幾項具體行動：

◎**編纂人間佛教教材**：將人間佛教的理念系統化，編成教材，讓學佛者易於理解並實踐。

◎**培訓種子教師**：選拔有志推廣佛法的菁英，培養他們的教學能力，使其成為推廣人間佛教的中堅力量。

◎**建立推廣中心**：在學校及社區設立人間佛教推廣中心，由專人負責推廣，將佛法的種子撒播至更廣的地方。

◎**結合讀書會**：與全球讀書會合作，透過小組學習與分享，讓更多人瞭解並實踐佛法。

◎**舉辦研討會**：定期召開研討會，分享經驗、改進推廣策略，提升佛法的影響力。

誠如佛家有言：「業決定理，業增長廣大，所未造業不會遇，已造之業不失壞。」由此可知，業本身會增長廣大且影響深遠，沒有造業就不會遇到，若是造了業，便會受到感召而來，若是想要斷惡修善、

種善因結善果，最簡單的方式可從三好做起！

　　我們在日常生活中行持三好——身行善事，口出善言，心存善念，用以淨化三業（身口意），消弭三毒（貪、瞋、痴）衍生的根本煩惱，達臻戒定慧三學的實踐綱領。

　　「做好事」是諸惡莫作，眾善奉行，能改變一個人的命運，好好做事，每一份善行的力量，如同涓涓細流匯聚成江海，最終形成推動社會向上的力量；「說好話」是說出受用且能幫助到人的好話，好好說話，能促進團隊的和諧，猶如一把調和的鑰匙，開啟彼此心扉的同時，創造出共鳴的樂章；「存好心」是擁有隨時都有善待別人、祝福別人的心，轉變態度與處世之道，心純意淨，讓每個心靈在陽光下茁壯，散發出溫暖與希望的光芒。

　　每一個行動、每一句話語、每一顆真誠的心，都如同點點繁星，照亮我們前行的路，相信這個世界會因善意而變得更加美好！

　　讓我們以心為戒，以行為律，從日常的點滴開始，為自己與眾生共建和諧的世界，攜手邁向無上的菩提境界。

**每一個行動、每一句話語、
每一顆真誠的心，
讓這個世界因善意而變得更加美好！**

2-2
身行善事，
「清靜心」的日常修煉

清靜心不僅可以改變我們的工作態度，也可以讓我們用不同的眼光看待生活中的每一件事，甚至是那些看似瑣碎的小事……。

「清靜心，是身心靈提升的基礎。」回想過往，有位老師曾這樣告誡我。

他那時說的話，彷彿是一股清泉落入我心中，激起了些許漣漪，也深深撼動了我內在的世界。

那一刻，我突然明白了，生活的繁雜與無常，並非無法承受的重擔，而是一場心靈的修行。若是想要真正地在這個浮躁的世界中，找到屬於自己的安寧，首先必須在內心創造一片平靜的空間。

清靜心如明鏡，映照內心與外在

生活如同大海，有時波濤洶湧，有時風平浪靜。航行在人生的這片大海中，我們無法控制每一個起伏的浪花，卻能夠控制自己內心的船舵，讓自己在波濤中保持穩定。

行三好　淨三業

　　《曆代法寶記》禪語：「但修自己行，莫見他邪正。」這種平靜，並非源於外界的安定，而是來自內心的自覺。

　　每當我面對繁瑣的生活，無論是工作的壓力、社會的喧囂，還是內心的焦慮與困惑，我都會提醒自己回歸到那份「清靜心」。它像是一盞明燈，在無數的迷霧中為人們指引方向，在動盪中保持冷靜，在喧鬧中聽見內心的聲音。

　　「清靜心，也是提高工作效率的法寶。」老師語調平和，「你若能掌握它，不僅能安身立命，更能在喧囂中找到自己的平靜。」清靜心如同一面明鏡，反映著我們的內心世界，當心中充滿雜念與煩憂時，明鏡就會模糊不清；而當我們的心變得澄澈透明，清靜心便自然而然地顯現出來。

　　「我該如何開始？」我問。

　　老師微笑，緩緩開口：「從《心經》開始吧！這一部經文能幫助你澄清內心的雜念，讓心逐漸歸於清明。先背誦一週，再來，我會教你更深層的練習。」

　　接下來的日子，遵循老師的指導，開始誦讀《心經》。雖然經文短小，卻蘊含著無窮的智慧。每一句話都像是滲透進心靈深處的甘露，洗滌著我那時焦躁不安的心。

　　隨著日復一日的背誦，感覺到自己的心境逐漸變得平和，一種微妙的安定感在心中醞釀，彷彿每一個字都成為了內心的回音，感受到一種與天地連結的力量。

> 航行在人生的大海中，
> 我們無法控制每一個起伏的浪花，
> 卻能夠控制自己內心的船舵，
> 讓自己在波濤中保持穩定。

一週後，老師要我準備了文房四寶：一支細字毛筆、一張小小的方格宣紙，並指導我如何以傳統的方式磨墨，用懸空的筆姿默寫《心經》。

「磨墨需心靜，筆落紙上如水流。這是心的功夫，心若稍有分散，筆跡便會錯亂。」他提醒。

這看似簡單的練習，其實充滿了挑戰。稍有一點分神，筆下的字便歪斜不齊，只得重新再來。記得那個夜晚，我花了好幾個小時，只完成一份默寫。當我的心不在字上時，筆下的字跡顯得紊亂、無力，猶如我當時那還未能安定的內心。

第二天晚上，手法稍有進步，心靜下來的時間也延長了些許。寫著寫著，漸漸地發現，每當我專注於字裡行間時，周圍的雜音似乎都消失了，心中不再受外界的干擾，只有一片寧靜，彷彿天地間只剩下我與經文。

「老師，為什麼這樣的練習能讓人感到內心的平靜呢？」有一天，我忍不住問道。

老師淡淡一笑，眼神柔和：「清靜心，不是外在環境的產物，而是內在的覺知。當你專注於當下，不被過去或未來的煩憂所牽引，心

集滅道無智亦無所得以無所得故菩
提薩埵依般若波羅蜜多故心無罣
礙無罣礙故無有恐怖遠離顛倒夢
想究竟涅槃三世諸佛依般若波羅
蜜多故得阿耨多羅三藐三菩提故
知般若波羅蜜多是大神咒是大明
咒是無上咒是無等等咒能除一切
苦真實不虛故說般若波羅蜜多咒
即說咒曰揭諦揭諦般羅揭諦般羅
僧揭諦菩提莎婆呵

般若波羅蜜多心經

觀自在菩薩行深般若波羅蜜多時

照見五蘊皆空度一切苦厄舍利子

色不異空空不異色色即是空空即

是色受想行識亦復如是舍利子是

諸法空相不生不滅不垢不淨不增

不減是故空中無色無受想行識無

眼耳鼻舌身意無色聲香味觸法無

眼界乃至無意識界無無明亦無無

明盡乃至無老死亦無老死盡無苦

便會自然歸於平靜。當你心無旁騖，字跡自然流暢，這就是內外合一的表現。」

老師的話讓我陷入深思，這正是我練習默寫時的體驗。心若清靜，筆下的每一個字便如水流般自在，而當心浮躁時，筆跡也隨之散亂。

我將這份心得與身邊的同事分享，並鼓勵他們也嘗試這種清靜心的練習。隨著時間的推移，清靜心不僅改變了我的工作態度，也讓我開始用不同的眼光看待生活中的每一件事，甚至是那些看似瑣碎的小事。

> **每當專注於字裡行間時，**
> **周圍的雜音似乎都消失了，**
> **心中不再受外界的干擾，**
> **只有一片寧靜，彷彿天地間只剩下自己與經文。**

好好打掃，也是一種善行

有一次，我被邀請到學校與學生們討論「服務學習」或「勞動服務」中的打掃任務。學生們常常對這類的活動抱怨，認為打掃只是形式上的工作，沒有太多的意義。

「老師，打掃跟學習有什麼關係？」一位學生問。

我微笑著回答：「打掃看似簡單，卻蘊含著許多學問。這裡面有清靜心的練習。」做好一件小事，並且持續積累，也是一種日常善行

的美好落實。藉此機會，我提出了一些值得深思的問題，讓他們反思打掃過程中的心態：

◎打掃的時候，你的心在哪裡？

學生們有些困惑，我便接著解釋：「是在抱怨這件事的繁瑣，還是在思考該如何把地打掃乾淨？」

我告訴他們：「人在哪裡，心就應該在哪裡。」當我們能夠將心思集中在當下的每一個行為上，便能從中得到深刻的體驗，當專注於手中的掃把，心自然就靜了下來，甚至會發現，打掃本身也是一種禪修。

◎有沒有用心打掃？

你是隨便敷衍了事，還是一面聊天、一面打掃？還是認真執行，力求將每一個角落都清理乾淨？用心與否，往往決定了我們在一件事中能夠收穫多少。

◎打掃時的力道是否適中？

是否能掌握適當的力度，不過輕不過重？這也是在提醒我們，做事應該拿捏有度，無論是處事還是與人相處，都需要這份恰到好處的分寸感。

◎有沒有規劃打掃的前後次序？

是否事先思考，應該從哪裡開始，才能既省時又省力，並且確保所有地方都清理乾淨？這其實也是在訓練我們的思維能力，讓我們學會規劃與安排，從而提高工作的效率。

◎清掃出來的垃圾，是否妥善處理？

是否只顧著自己的工作，隨意將垃圾推給別人收拾，還是能夠負責到底，將垃圾集中處理，澈底完成任務？

這些問題，看似簡單，實則是在引導他們練習如何專注於當下，如何在每一個細節中保持清靜心。

打掃不僅僅是勞動服務，它更是一種自我修煉的機會，讓我們學會專注、計畫、合作，做好眼前的每一件事，並且從中培養出一顆平靜的心。當心能夠安定，外界的一切困難與挑戰，也會變得不再那麼艱鉅。

做好一件小事，
並且持續積累，
也是一種日常善行的美好落實。

把每一件事都視為自我修煉的一部分

「老師，我有時候覺得，當別人分配給我比較髒的區域，心裡會覺得不公平。」有位學生坦白道。

Chapter 2

　　「這是很自然的情緒。但是，你可以選擇如何看待這個任務，嘗試把它當成磨練耐心的機會，看能否在看似不公平的感受中找到平靜。」我微微點頭，表示理解並試圖引導他接下來的行動。

　　我鼓勵學生們思考：「如果你是負責分配工作的小隊長，是否能公平公正地分配任務，做到不偏不倚？如果你是隊員，當被分配到較為困難或髒亂的區域時，是否會感到委屈與不公平？」這些情緒的出現，都是內心的一面鏡子，反映了我們對待工作的態度與心境。

　　那位學生似有所悟，點了點頭，繼續他的工作。我看著他低頭掃地的身影，心中升起一絲欣慰。

　　這正是清靜心的力量──它幫助我們在生活的每一個環節中找到安定，無論是繁重的工作，或是人際間的摩擦，都能用心地應對，每一件事情都是自我修煉的一部分。

　　這種心境的轉變，不侷限於掃地或工作。我發現，清靜心讓我能夠更寬容地面對生活中的種種挑戰，無論是與同事的合作，還是處理與朋友、家人的關係，都能用更平和的心態去應對。

　　與之同時，不再輕易被外界的事物所左右，內心深處的那片寧靜，成為面對一切的基石。

**靜心的力量，
幫助我們在生活的每一個環節中找到安定，
無論是繁重的工作，或是人際間的摩擦。**

行三好　淨三業

清靜心的根基：感恩、慈悲、包容、博愛

回憶起有一次，我在家裡清掃時，心中突然湧現了許多雜念。

工作上的煩惱、人際間的誤解，像一陣大風般席捲著我的心。就在那一刻，老師的話再次於耳邊響起：「人在哪裡，心就應該在哪裡。」

停下手中的掃把，深吸一口氣，讓思緒沉澱。當我再次拿起掃把，將注意力集中在每一個動作上時，那些雜念竟然漸漸消散。此時，真正體會到清靜心的力量。培養清靜心，並不是將問題推開，而是教會我們如何在問題中，找到內心的安定，讓自己的心如靜水般平和。

清靜心的練習，讓我明白了「處處留心皆是學問」的道理。無論是工作、學習，還是與人相處，皆可視為修行的機會。每一句話、每一件事，都是心靈的磨練，只要用心去體會，便能在平凡中見到不凡。

我常告誡學生：「清靜心不是一朝一夕可以練成的，它需要在生活的點滴中培養起。感恩、慈悲、包容、博愛，這些都是清靜心的根基。當我們學會用這樣的心態面對生活，便能在每一個瞬間找到內心的平靜。」

願我們每一個人，都能夠如清泉般，穿越世間的塵埃與迷霧，不被情緒左右、不受外界躁動干擾，找到那份源自內心的寧靜，並將它帶入生活的每一個角落，實踐一樁樁善行、一件件好事。

Chapter 2

培養清靜心,並不是將問題推開,
而是教會我們如何在問題中,找到內心的安定,
讓自己的心如靜水般平和。

2-3

口出善言，讚美如花處處香

言語的力量，不僅影響個人，更能改變社會。

隨著三好運動的推廣，越來越多的學生開始注重自己的言語，不僅帶來了個人的成長，也在集體中產生了積極影響。

在這個信息過載、節奏急促的時代，我們常常會忽略那些微小而重要的行為，它們或許看似不起眼，卻對我們的內心世界和周圍的社會產生了深遠的影響。

「三好」便是這些微小行為的集大成者，其中「說好話」正是日常中修持善行的起點，讓我們在善念中滋養心靈，將佛法融入生活，使社會更加和諧。

好話散發正向頻率，改變水的型體

言語是心靈的映射，也是人與人之間最直接的溝通橋樑。

一句溫暖的話語，蘊含無形卻強大的力量，能在他人心中生根發芽，帶來力量與希望。相反地，挑剔、指責、責難的言語則像是一把利劍，傷人傷己，損害的是和諧與善意的氛圍。

日本江本勝（Masaru Emoto）博士的大作《生命的答案，水知道》（*The Hidden Messages in Water*）一書提到，他曾做過實驗，發現水在高倍數顯微鏡下，同樣的水，分成兩杯，一杯水讚美和肯定它，另一杯水詛咒及謾罵它，結果分子結構全然改變。受到讚美與肯定的，水的分子結構變成是鑽石型的漂亮型體，另一杯受到詛咒與謾罵的水，分子結構則為零散的型體。

人類的眼睛無法看見水結晶體的變化，可是在高倍數顯微鏡放大下，便可一覽無遺。水可以聽得到、看得懂，而受到我們語言的影響，何況是人類，因此多說好話，多稱讚別人，多肯定他人，磁場真的會改變。

哈佛大學、耶魯大學及哥倫比亞大學均有相關的實驗，發現一個家庭，或一個團體在和諧的氣氛下，家人或成員生病的比率均比較低。

我曾聽說一位小學老師受到江本勝博士水分子實驗的啟發，決定將這個實驗應用在日常生活中。她在煮飯時，把米飯分成兩邊，一邊持續讚美，另一邊則詛咒，結果兩邊的飯口感截然不同。這一實驗啟發了她，開始在教室內推廣「說好話」的理念，鼓勵學生多用讚美的語言對待自己和他人。她發現，這樣的練習不僅改善了學生之間的相處模式，也提升了整個班級的學習氛圍。

> 一句溫暖的話語，
> 蘊含無形卻強大的力量，
> 能在他人心中生根發芽，
> 帶來力量與希望。

慈悲愛語，如潤物細雨帶來生命轉機

很多人覺得隨口說幾句狠話無傷大雅，甚至挑撥離間、口出惡語，但這些話語其實在無形中積累成為一種負能量，最終會傷害到自己與

周圍的人。反之，善意的言語可以帶來積極的改變。

　　誠如江本勝博士的實驗所揭示的那樣，我們的話語會影響到周圍的環境，甚至我們的生活狀態。正因如此，「說好話」不僅僅是一種對他人的尊重，更是對自我的修行。

　　說話如此，文字更甚。曾經讀過江本勝博士的另一個實驗，他將不同的文字貼在水杯上，結果讚美的文字使水分子呈現美麗的結晶，而負面的語句則使水分子變得醜陋不堪。水尚且如此，更何況是人？若我們在日常生活中隨意使用文字罵人，這些負面的能量不僅會傷害當下的對象，還可能通過文字的傳播長久影響他人。

　　然而，宇宙虛空就如同一面「行為律儀反射牆」，鼓勵、讚美或謾罵的語言或文字，都會經由心念和行為引發的訊息波，反射回到自己的身上，甚至波及當事人的家人，不可不慎。

　　因此，我們必須更加謹慎地表達自己的言語與文字，除了不要隨意發怒、口出惡語，在書寫文字時也更要小心，避免任何可能帶來負面能量的表達。

　　佛家教導我們，語言與文字是一種「業」，它們會產生影響，並隨著時間的推移擴散到更大的範圍。我們所說的每一句話，所寫的每一個字，都在無形中影響著這個世界。

**說好話不僅僅是一種對他人的尊重，
更是對自我的修行。**

行三好　淨三業

　　一位學生曾經跟我說過：「老師，我以前從沒想過，原來說話的方式能夠這麼影響自己。我現在每天都會記錄下自己說過的話，反思是否對他人有過傷害。」這讓我深感欣慰。

　　當我們開始注意自己的言語，便會有意識地培養一顆善心，這顆善心會逐漸在生活的各個方面滋長，最終成為人格的一部分。

　　語言的力量不僅影響個人，更能改變整個社會。受此啟發，我在南華大學推動了三好運動。簡單的三句話，表面上看來平凡無奇，實際上卻蘊含了無比深刻的智慧。

　　隨著三好運動的推廣，因為誤解而產生的矛盾逐漸減少，取而代之的是相互理解與支持，我看到越來越多的學生開始注重自己的言語，不僅帶來了個人的成長，也在集體中產生了積極的影響。

　　記得一次，一位學生因為一場小誤會與同學發生了爭執，當時場面十分緊張。然而，另一位同學主動上前，說了一句：「我們不妨冷靜下來，想想怎麼解決問題，而不是相互指責。」簡單的一句話，竟然瞬間化解了這場即將爆發的爭吵。那一刻，我更加確信，善意的話語如同潤物細雨，能夠在最關鍵的時刻，帶來意想不到的轉機。

**善意的話語如同潤物細雨，
能夠在最關鍵的時刻，
帶來意想不到的轉機。**

造口業，誤導大眾，自受果報

記得有則〈野狐禪〉的公案，故事是這麼說的：有一天，百丈禪師講經說法，會後群眾如潮水般散去，唯獨一位老者依舊佇立在原地，似乎與這片天地，與這一場法會，仍有未了的緣分。

「前方這位，是何人呢？」百丈禪師瞥見這一幕，問道。

「其實，我不是人，而是一隻野狐。」老者微微低頭，臉上透露出幾分愁緒，語氣中帶著無奈與深沉。

他繼續娓娓道來：「過去，我曾在百丈山修行。當時，有一位學僧問我：『大修行者，是否還會落入因果？』我當時毫不猶豫地答道：『不落因果。』正是這一句輕率的回答，讓我墮入了五百世的狐身，至今，仍在畜生道中受盡苦楚。今天，我特地來請禪師解救，給我一個轉圜的契機，讓我能夠脫離這具野狐之軀。」

百丈禪師聽後，眉頭微蹙，眼中閃過一絲慈悲之光，答應了老者的請求，決定為他指引一條出路。

於是，老者恭敬地合掌，目光虔誠，向禪師問道：「大修行人，還會落因果嗎？」

「不昧因果！」百丈禪師沒有立刻回答，反而大喝一聲。聲音如雷霆一般，震動了整片山野。

老者聽後，心頭一震，猶如千年封印突然被打開，瞬間豁然開朗。

他的雙眼似乎看見了那片曾被迷霧遮蔽的真理，他深深一禮，感激萬分，然後轉身告辭。

行三好 淨三業

第二天,百丈禪師帶領寺中大眾,來到後山的石岩洞內。

在一處幽暗的巖石下,發現了一具死狐狸的屍體。

禪師命人為它舉行了亡僧的火葬儀式,懷著一份寧靜而莊嚴的心情,完成這一場冥冥中的解脫。

「不執著因果,便是不昧因果。」正是這段公案的深遠意義。

若無深入體悟,沒有在日常落實說好話、好好說話的習慣,屢造口業(惡口、妄語、綺語、兩舌)誤導大眾,自受惡業苦報,便會如那隻狐狸,始終迷失於無盡的輪迴之中,無法自拔。

「不執著因果,便是不昧因果。」
才能夠超脫於無盡的輪迴之中。

語言的修持,通向心靈的淨化

愛語離眾怖,無上慈悲法;
內得甚深智,能滅諸煩惱。

——《華嚴經》

語言的修持,不僅是一種道德的約束,更是一種心靈的淨化。戒

Chapter 2

律是修行的根本，而善語的修行便是其中的重要一環。

通過「愛語離眾怖」，不僅是一種外在善行，還能淨化內在心靈，讓自己更加接近清淨無染的境界。

回想起自己多年來的寫作與講學經歷，我發現，每一次用心的對話與表達，都在潛移默化地影響著聽眾與讀者。例如在書中或講座中談論「說好話」時，不僅是在傳遞一個簡單的理念，更是在提醒自己，時刻保持內心的善念，避免隨意發怒或言語傷人。

「林校長，我們應該如何在日常生活中實踐『說好話』呢？」有人這樣問我。

首先，我們需要有意識地培養一種對語言的敏感度，時刻關注自己的言語是否充滿善意。當感到情緒激動時，可以先停下來，深呼吸，讓自己冷靜下來，然後再選擇適當的言語來表達自己的感受。

其次，可以每天反思自己的一言一行，問問自己，今天是否有說過讓自己後悔的話，或者是否有多說一點鼓勵與讚美的話。

《佛光菜根譚》有言：「重複的舉止，會變成習慣；定型的習慣，會變成個性；個性的所向，會決定命運；命運的好壞，會決定一生。」這樣的反思能夠幫助我們逐漸改變自己的言語習慣，讓善意的語言成為生活的一部分。

另外，我們還可以通過寫作來實踐「說好話」。每晚寫下「感恩日記」，記錄下當天遇到的好人好事，並反思自己是否也為他人帶來了善意與溫暖。這樣的寫作練習，不僅能夠幫助提升自我覺察力，還

能夠讓我們在潛移默化中，逐漸培養出一顆柔和且溫暖的心。

最後，我們要學會包容與理解他人。每個人都有情緒波動的時候，也會說出一些不合適的話，應該以寬容的態度去面對，給予他人更多的理解與接納。

> 愛語離眾怖，不僅是一種外在善行，
> 還能淨化內在心靈，
> 讓自己更加接近清淨無染的境界。

慈悲心，通過語言與行為傳遞正能量

在這個瞬息萬變的世界裡，「三好」是修行的基礎，是每個人都能夠實踐的佛法智慧。

網路時代，許多人習慣在網路上發表情緒化的言論，甚至互相謾罵，無形中激化對立。這樣的行為不僅是在種下惡緣，還會給自己帶來無盡的煩惱，這更加彰顯「說好話」的重要性。

無論是在生活中還是在網路上，我們都應該以一顆慈悲心去對待他人，通過語言與行為傳遞正能量，這樣才能真正做到心靈的清淨與淡定。

當我們在日常生活中，用心說好每一句話，做每一件好事，存一顆善良的心，不僅能夠讓內心更加平靜與智慧，也能夠讓社會更加和

諧與美好。

　　從現在起，將佛法融入生活，使每一句話都成為祝福，每一個行動都成為修行，讓愛與善意在世界中永不止息。

**「三好」是修行的基礎，
是每個人都能夠實踐的佛法智慧。**

2-4

善語的修持，
　寧靜的力量

每一句「說好話」的背後，都是一份尊重與關懷，每一次理性辯論的背後，都是對民主與和諧的追求。

Chapter 2

我曾在山間漫步，聽著溪水潺潺。它順著石縫流過，時而平靜，時而激盪。世間的諸多事物，其實與這溪流無異。每一顆石頭，都像是我們的想法、意見，時而與急勢水流迎面撞擊，時而讓和緩水流輕輕滑過，互不干擾。

可惜，這樣的和諧並未常見於我們的生活中。

轉化選舉過程中的語言暴力

身處時代洪流之中，每個人都像那溪水中的一滴水珠，擁有屬於自己的一片世界。然而，為何當這些水珠彼此相互碰撞的時候，往往不再是和諧的流動，而是充滿敵意的激盪？

尤其在選舉期間，這場本應該是理性與民主的辯論，往往變成了語言的角力，甚至成為無數激烈對立的戰場。

最近一些國家的選舉，如同風暴，常常使這溪流變得湍急、混濁。人們執著於自己的立場，如同一塊塊堅硬的石頭，彼此碰撞不已，卻忘了尊重不同的流動。在這樣的情境下，語言不再是促進理解與和諧的工具，而成為了傷人的利刃。選舉中的每一場過激的辯論、每一次飽含情緒性的發言，似乎都將對方視為仇敵，令尊重與善意漸行漸遠。

當我拜讀趙無任先生的系列文章，心中不禁感慨良多。他對於臺灣選舉的宏觀視角和理性分析，如同山中隱士的智慧，深思熟慮，透徹明瞭。然每每讀罷，心中卻也泛起一絲憂慮，憂於臺灣現今的「過度民主」，尤其是許多人無法容忍他人主張不同意見的現象。

這讓我想起那句古話：「水能載舟，亦能覆舟。」民主本是包容

行三好　淨三業

　　與平等的象徵，然而，當它成為爭鬥與排斥的工具時，就如同激流中無法穩定的舟，隨時可能傾覆。

　　在某次與友人共享午餐的過程，這種現象悄悄地呈現出來。那天我們去了朋友推薦的一家餐廳，環境幽靜，食物也美味無比。

　　可是，幾個月後，當我再度提及這家餐廳時，朋友的回應卻出乎意料：「我已經不去那裡了！」好奇詢問原因，朋友沉默了一會兒，才輕聲說：「那天與老闆閒聊，他提到了政治立場，剛好與我相左……。」

　　「那你不再去了？」我輕聲問。

　　「是啊，我總覺得……心裡過不去。」朋友的語氣裡透著無奈。

　　然而，這樣的故事並非特例，想起另一位友人曾分享的一個尷尬經歷。他搭上計程車，與司機閒聊時不經意提到政治話題。司機對某政黨抱持強烈的不滿，語氣逐漸變得激烈，最終竟然在中途請他下車，只因朋友的立場和司機不同。這樣的故事，聽來似乎有些荒誕，卻在這片選舉熱潮中的土地頻繁上演著。一個國家社會本應該是多元聲音共存的舞臺，如今選舉卻逐漸成為對立與製造仇恨的溫床。人們為了自己的政治立場，變得急躁、易怒，容不下他人的聲音。

　　記起前面趙先生的一段話：「如果我們的心充滿仇恨，那麼我們看見的世界就會是一個充滿對立的世界。」在這樣的環境中，如何能夠培養下一代的寬容、包容？如何讓他們明白，何謂「做好事、說好話、存好心」？這些問題，時常在我心頭縈繞，彷彿是一道無解的難題，令人深思。

Chapter 2

> 民主本是包容與平等的象徵，
> 然而，當它成為爭鬥與排斥的工具時，
> 就如同激流中無法穩定的舟，
> 隨時可能傾覆。

回歸理性，尋回言語的真諦

某日，我在書店裡偶遇了一位老朋友，他是位長年旅居海外的學者，見多識廣。我們坐在一旁的茶館裡，品著清茶，談起了臺灣的選舉現象。

「你怎麼看待目前的選舉文化呢？」我問他。

「我曾經在留學期間，見識到另一種民主的呈現方式。例如在英國等國家，選舉時期少有紛擾，街道上幾乎看不到競選旗幟。不同意見的表達常常是在指定的公園進行，彼此尊重而不打擾。電視上，政見的傳達是以購買時段來實現，而不是隨處可見的口號式廣告。這種乾淨的選舉方式，讓人感到一種深刻的平和與包容。」

在那樣的環境中，言語成為一種溫柔的工具，而非傷人的利器。可是，回到臺灣，我們卻似乎陷入了另一種困境——言語成為分裂的根源，媒體的偏頗、政客的不擇手段，使得事物的真相模糊不清，分辨善惡變得越來越困難。

記得有位教授曾在一份調查中指出，臺灣推行品德教育所面臨的最大困難之一，就是媒體與科技的影響。現今智慧型手機已經成為每

個人生活的一部分，資訊的快速傳遞和擴散，讓人們在瞬間接受大量未經深思的觀點，而這些觀點常常來自於偏頗的媒體或熱情過度的政治論述。

茶已經涼了，我輕輕地拿起茶壺，倒出最後一杯。朋友坐在對面，靜靜地聽著我的話。我問他：「你覺得，這樣的言語，真的能改變什麼嗎？」

朋友思索片刻，輕聲道：「也許不能馬上改變什麼，但我們所說的每一句話，所寫的每一個字，都像一片落葉，最終會落在當事者的心湖裡，激起漣漪。」

> 我們所說的每一句話，
> 所寫的每一個字，都像一片落葉，
> 最終會落在某人的心湖裡，
> 激起漣漪。

善意的迴響，締結和諧的力量

選舉，本是民主制度裡的一種過程，但為何在一個國家社會卻演變成了這樣的對立與對抗呢？也許，問題不在制度本身，而在人心的執著。

禪的智慧告訴我們，世間的一切，皆因「執」而生苦。當人們執著於自己的觀點，無法容納他人「異見」時，便生起了對抗與排斥，最終導致彼此的隔閡。

Chapter 2

　在選舉這場大浪淘沙的過程中，我們不應迷失在激烈的言辭與對立之中，而該回歸最初的善意。每一句「說好話」的背後，都是一份尊重與關懷，每一次理性辯論的背後，都是對自由與民主的追求。

　如同溪水流過石縫般，選舉的過程是讓不同的觀點相互交融，每一個理性、善意的語言不再是對立的利刃，而是建立理解與連結的橋樑，讓人心更加澄澈透明，像那溪流般自然而流暢，無論面對何種形狀的石塊，都能平和前行，締結和諧的力量。

　當我想到那一個個充滿對立與攻擊的言辭，不禁感到憂心。這些話語，正如江本勝博士所示，我們所說的每一句話，都在影響著周遭的世界，改變著身處的環境，如同對水的詛咒，正不斷瓦解社會的和諧，改變人與人之間的連結。我們的社會，是否已經如那些被詛咒的水分子一般，變得破碎不堪？

**禪的智慧告訴我們，
世間的一切，
皆因「執」而生苦。
當人們執著於自己的觀點，
無法容納他人時，
便生起了對抗與排斥，
最終導致彼此的隔閡。**

以一顆「清淨心」，接納每一個當下感受

那日，我與朋友繼續探討這個話題。他笑著說：「其實，說好話並不是一件難事，為何我們總是忘記了這點呢？」

「也許，這正是我們需要修行的地方，」我答道：「心被境轉，便是凡夫；心能轉境，方是聖人。當我們被外界的環境所牽動，心中便生起了對立與煩惱；但若我們能夠在面對不同意見時，保持內心的平靜，那麼外界的對立便不再是問題。」

還記得《維摩詰所說經》有云：「是有疾菩薩，以無所受而受諸受。諸受者，苦受樂受捨受也。」這話語可謂意味深長。

有人問，何謂「無所受而受諸受」？我們該如何在生活中做到這樣的平和呢？每一個人都會經歷各種受——有的帶來痛苦（苦受），些許帶來快樂（樂受），更多的是那種豁然的放下（捨受）。

當我們能夠深刻地理解，一切的受，其實只是內心的錯覺時，便能感受到不被「受」所捆綁的清淨。

真正的智慧，是我們能夠在這些受的變化中，保持心如止水的平靜、清澈，不為一時的喜怒哀樂所動容，從而超越一切的困擾與執著。

「以無所受而受諸受」，便是我們以一顆不執著的「清淨心」，接納每一個當下的感受，不管是歡樂還是痛苦，成功或失敗。一如《金剛經》：「不取於相，如如不動。」清楚覺照當下，順逆皆不為所動。

若是能夠不被世事牽絆，無論何時何地，心如澄澈的明鏡，無所住而心無罣礙，便是一種超越了外境的內在力量，也是一種不受任何

現象困擾的自在境界。

　　因此，當我們面對世間的起伏與不如意，不必在心中安放著任何負擔，無需執著於「苦」或「樂」，而是應該如水般流淌，清澈透明，與萬象同在，卻不為所困。

　　「這真是有道理。」朋友微笑點頭，「我們常常把問題歸咎於外在的環境，卻忘了內心才是問題的根源。」

　　「正是如此，」我繼續道，「若我們能夠練習心不隨境轉，那麼面對選舉或會議中的種種對立，依然可以保持內心的和諧與寧靜，這便是禪的智慧。」

　　談笑間，茶香氤氳，身心舒暢和諧，正如嚮往的那片寧靜世界。這種寧靜，不僅僅是環境的表象，更是心靈的安定。

> 以無所受而受諸受，
> 用一顆不執著的「清淨心」，
> 接納每一個當下的感受，
> 這是一種超越了外境的內在力量，
> 也是一種不受任何現象困擾的自在境界。

行三好　淨三業

2-5
心存善念，
改變命運的起點

存好心的力量，如無形的種子，植於心田，最終開出美麗的花朵，映照於我們的生活與人際關係之中。

Chapter 2

　　回想起自己的人生旅途，常感《了凡四訓》、《俞淨意公遇灶神記》與《太上感應篇》對我的啟發之深遠。這些經典如同明燈，指引我穿過迷茫與困惑，明白內心的純淨與善行能夠改變一個人的命運。

　　智慧的語句，如春風拂過心田，《俞淨意公遇灶神記》尤其深刻，它強調純意心念的力量，教會我如何在生活中實踐無私的善行。

善念無雜，命運自轉

　　俞淨意，原名俞都，年少時順風順水，十八歲便考中秀才。然而，隨後的人生卻如陷泥淖般困頓。七次參加舉人考試皆未中，家庭也接連遭遇不幸，五個兒子中四個夭折，唯一存活的兒子也幼年失蹤，四個女兒也因三個年幼夭折，只剩一女。

行三好　淨三業

　　妻子因痛失愛子，長年哭泣而導致失明。這一切不幸讓俞都充滿憤怒，他開始質疑天命，認為自己行善多年，卻遭此不公的對待。

　　每年除夕，他都寫文疏向灶神訴苦，祈求解答。七年過去了，終於在某個除夕夜，一位服儀端莊自稱張先生的男子敲門，對俞都的遭遇瞭若指掌。張先生點明他多年來行善求報，內心雜念不淨，且行為與動機不純，導致善果無法顯現。這段話如雷貫耳，令俞都如夢初醒，明白了真正的問題所在。這位男子不久便消失無蹤，俞都頓悟，這正是灶神的顯化。

　　從那時起，俞都改名為俞淨意，以此提醒自己要保持心念清淨，真心行善，不求回報。一念一行皆如鬼神在側，他開始全身心投入於無私無我的善行，不再拘泥於功名利祿。

　　後來，俞淨意得以尋回失散多年的兒子，家庭團聚，妻子的視力也因兒子的一吻而恢復。

　　這一切彷彿是天道的回應，於是他書寫自己的經驗，告訴世人要心純意淨、真心行善，命運自會改變。

　　這個故事深深觸動了我，心態決定命運，行善不能帶著雜念與貪念，否則善行將失去它的力量。無私無我的善心與善行，不僅能改變個人的命運，還在家庭、社會中散播善的種子，產生一股積極的能量，讓人們在無形中得到更多的庇佑和福報。

　　我不禁反省，自己是否也曾在善行中摻雜過雜念？是否曾因功利心而失去純粹的初心？

Chapter 2

> 無私無我的善心與善行，
> 不僅能改變個人的命運，
> 還在家庭、社會中散播善的種子，
> 讓人們在無形中得到更多的庇佑和福報。

為自己和他人倒一杯回甘好茶

另個故事是這麼說的，有位已卸任的美國國防部副部長，受邀至一場大型會議上演講，他先照著講稿說了些話，隨後停了下來，對著臺下舉起了他的紙杯。

「你們知道嗎？去年我還是副部長，也曾來到同一個地方、站在同一個講臺，那時搭商務艙過來，機場裡有專人等著接我，帶我去酒店。到了酒店，有人替我辦理入住手續，送我上樓。隔天一早，由專人送我到這裡。」他笑了笑，繼續說，「他們還把我帶進後臺休息室，用一個漂亮陶瓷杯裝好咖啡，畢恭畢敬地遞給我。」

停頓半晌，他的眼神突然嚴肅起來，說道：「但是今年，我來到這裡演講時，已經不再是副部長了。我搭的是經濟艙，機場裡沒有人來接我，自己搭計程車到酒店，自己辦理入住，自己走進房間。今天早上，自己叫計程車，自己走進大廳，自己找到後臺，還問人有沒有咖啡。終於有位工作人員願意回應我，指了指牆邊的咖啡機，我替自己倒了一杯咖啡，裝在這個紙杯裡。」他搖了搖手上的杯子，對觀眾微笑。

行三好　淨三業

「那一刻，我突然明白，」他語氣沉穩，「去年那個漂亮的陶瓷杯，不是為了『我這個人』所準備，只是為了彰顯『那個頭銜或職位』，比起錦上添花，雪中送炭才是真正難能可貴。」

他深吸一口氣，繼續說：「選擇什麼杯子喝咖啡並不重要，但這是今天為大家分享的重要一課──當你用頭銜與人交往，某天才會發現自己孤立無援；當你用人品結交朋友，會持續得到善的迴響，而感到生活充實。」

我們常說「人走茶涼」，當你不再擁有某個職位，或許就變成別人眼中的過客。這個故事告訴我們一個簡單而深刻的道理：「成功，不在頭銜和職位贏過多少人，而在於幫助過多少人。」我們可以為自己和他人都倒上一杯好茶，在彼此內心不斷回甘。

成功，不在頭銜和職位贏過多少人，
而在於幫助過多少人。
比起錦上添花，
雪中送炭才是真正難能可貴。

一顆慈悲心，讓心靈淡定如水

數位媒體當道的時代，很多人習慣在網路上發表情緒化的言論，甚至互相謾罵。這樣的行為不僅是在種下惡緣，還會給自己帶來無盡的煩惱。

這讓我更加明白「說好話」的重要性。無論是在生活中還是在網路或文字書寫，我們都應該以一顆慈悲心去對待他人，通過語言與行為傳遞正能量，這樣才能真正做到心靈的清淨與淡定。

從前述《俞淨意公遇灶神記》和副部長的故事中，我們學到了真正的淡定，在於內心的清明；真正的淡泊，在於內在的安樂。

不論是對人、對事、對自己的言行舉止，都應該懷有一顆敬畏與謹慎之心，戒掉貪瞋痴，讓心靈如水般清澈無染。當我們能夠控制自己的心念與言語，世界便會因此變得更加和諧與美好。

這正是推動「三好運動」的初衷，當我們能夠從內心開始，真正做到這三件事，人生就能夠如水般「形隨境轉」的淡定，無論外界如何紛擾，內心都能保持一份平靜與安寧。讓我們共同努力，從心出發，讓這個世界變得更加美好，讓每個人都能享受淡定如水的人生。

> **真正的淡定,在於內心的清明;**
> **真正的淡泊,在於內在的安樂。**

從心出發,向善而行

在這繁華喧囂的世界裡,善念如清風拂柳,細水長流,潛移默化地改變著我們的命運與環境。

「三好運動」為修行的核心,推動著內心的安寧與社會的和諧。從 2011 年開始,這股善念的種子更遍植校園,於全國各地的學校中扎根。如今,已有數百所學校參與其中,將三好的精神深植於學子的心田,培育未來社會的穩定力量。

曾有人問:「存好心有何意義?」這個問題如晨曦下的露珠,微小卻閃耀著生命的光芒,讓我們不得不細細觀察與體悟。心存善念,正是我們在這無常世界中的一方淨土,為何重要,且讓我們從這裡談起。

愛因斯坦曾以極簡的語言,解開了這深刻的智慧。

「這個時代最重要的科學問題是什麼?」他被美國普林斯頓大學的學生問及。

Chapter 2

「人的意念,或且取決於我們認為世界究竟是善良的,還是邪惡的⋯⋯。」沉吟半晌,他緩緩地回答。

「這難道是個宗教問題嗎?」學生驚訝道。

「意念決定了我們如何與世界連結。若科學家認為世界為善,他會發明促進人類彼此聯繫的事物;相反地,若科學家認為世界充滿對立與邪惡,則會創造出使人們分離、產生隔閡的工具。」愛因斯坦微笑答道。

正念與惡念,宛如日月交替,決定了我們如何面對人生的挑戰,如何塑造這個世界。

心存善念,
正是我們在這無常世界中的一方淨土。

美國醫師大衛・霍金斯博士,更以科學方式探討了意念的能量。他經過無數實驗,發明了一部測量意念頻率的儀器(頻率最低為 1,最高為 1,000),並且發現負向情緒(如仇恨、抱怨、自私)會讓我們的能量頻率降低,引發各種疾病;而那些心懷慈悲、無私奉獻的人,他們的能量頻率則會極高,高達 600 以上。

霍金斯博士還發現,當一個充滿正能量的人進入房間時,氣氛會立刻改變,猶如一盞明燈,照亮四周。反之,那些被負能量纏身的人,無論身處何地,皆會將自己身上的沉重與痛苦傳遞給他人,無形中影

響著周圍的環境。

在霍金斯的「情緒能量表」中，情緒與能量緊密相連。當能量頻率低於 200 時，便是負能量的存在，這也解釋了為何我們總是迴避那些散發負面情緒的人。根據霍金斯的研究，78% 的人類生命能量頻率長期處於低於 200 的狀態，這使得他們難以提升生命的能量水平。

唯有保持真誠、善良、寬容與堅忍，才能讓生命的能量不斷提升。通過不斷提升內在的能量，與宇宙的共振更加和諧，正是修行的真正意義。

這也是「存好心」的力量，它如無形的種子，植於心田，最終開出美麗的花朵，映照於我們的生活與人際關係中。

感恩與懺悔，便是心靈中的善念實踐。凡事感恩，心靈便如流水般清澈；遇過懺悔，能消解內心的怨恨與負擔。這是一種心意的布施，是大愛的展現。當我們以無私的心力行善，宇宙的和諧便會應運而生，如同星辰運轉，無有偏差。

感恩與懺悔，
便是心靈中的善念實踐。

神的觀點	生命觀點	水平	能量	情緒	進程
本我	是	開悟	700-1000	不可說	純淨
全人類	完美	和平	600	至喜	闡明
唯一	完整	喜樂	540	清朗	變貌
充滿生氣	仁慈	愛	500	敬愛	揭示
智慧	有意義的	理由	400	理解	抽象
慈悲	和諧的	接受	350	寬恕	卓越
激勵人心	有希望的	樂意	310	樂觀	意圖
授與權力的	滿足的	中性	250	信任	放鬆
容許的	可行的	勇氣	200	肯定	活化
平庸的	需要的	驕傲	175	藐視	自大
復仇的	反對的	忿怒	150	憎恨	侵犯
戒絕的	失望的	渴求	125	渴望	奴役
苛刻的	抗爭的	害怕	100	焦慮	退縮
輕蔑的	悲劇的	悲痛	75	後悔	沮喪
責難的	無希望的	冷淡	50	絕望	放棄
懷恨的	邪惡的	罪惡感	30	責怪	毀滅
鄙視的	悲慘的	害羞	20	羞辱	殲滅

能量飽滿 ↑　　感覺滿足幸福 ↑
能量低迷 ↓　　感覺憂慮焦躁 ↓

註：根據大衛・霍金斯博士意識地圖（Consciousness Map）呈現的情緒能量（以 Lux 為單位）由低至高分為 17 個層級，提供參照示意。

行三好　淨三業

> **種下和諧種子，開出人間最美花朵**

　　戒除貪瞋痴，是存好心的重要基石。佛法說：「一切唯心造。」我們的每一個念頭，都如石子投入湖中，激起無數漣漪，影響著我們的人生。

　　前面提及，明朝俞淨意公的故事便是明證，他雖然行善多年，卻因心中雜念重重，終難得福報。直到他頓悟意念的重要，清淨自心，才扭轉了自己的命運，重新找回了失散的兒子，妻子也重見光明。

　　這個世界，如同一面巨大而無形的鏡子，心中存善，善便反射到我們身上；若心中充滿惡念，惡也將回到我們身上，甚至波及身邊親朋。意念如空氣般無形，卻如河水般流動，無處不在地影響著我們的身心與環境。

　　存好心，正是三好的根本，讓我們在這廣闊的宇宙中，種下和諧的種子，讓它發芽，讓它成長，最終開出人間最美的花。

　　願我們每一個人，皆能懷抱善念，行持三好，為這個世界帶來無限的光明與安寧。

**意念如空氣般無形，
卻如河水般流動，
無處不在地影響著我們的身心與環境。**

Chapter 2

2-6

心念如種子，
種下善念，自能收穫美好

當我們心懷正念，內心的波動自然減少，情緒也會隨之穩定，進而帶來身心的健康與快樂。

靜心，讓我感受到這股力量的無比強大。

記得有一次，獨自漫步於山間，清晨的薄霧還未散去，露珠在草葉上顫動。當我閉上雙眼，呼吸間感受著大自然的脈動時，原本應紛亂的思緒竟逐漸平靜了下來。

突然間，彷彿明白了一個道理：這個世間的每一刻、每一分，都是因為意念的動盪或平靜，影響著我們所見的世界。

心懷正念，做一個內核穩定的人

意念，是一種比光還快的力量，甚至比風更為無形。

當我們心存善念、專注於正念時，這股力量能調和身心，帶來內心的寧靜與外在的安定。那一刻，我深刻感受到「存好心」的力量，它就像陽光一樣照亮內心的角落，帶來希望與幸福。內心的靜默，不僅是種修行，更是通向健康與平靜生活的坦途。

曾經聽過一個不可思議的實驗，由中國的張寶勝和張甫林兩位研究者所主導。他們將一顆看似失去生命的花生，透過意念的引導，讓它重新萌芽、成長。

起初，我對這個實驗結果抱持著懷疑，一顆看似已經沒有生命力的花生，怎麼能因意念而復活？然而，隨著更多地瞭解這項實驗，逐漸明白了它所揭示的深刻道理。

意念確實是強大的，但要真正發揮它的潛能，唯有專注與清淨的心境才能成就。我曾有過這樣的體驗，在一次深沉的靜坐中，感覺到

內心如同一片明鏡，沒有一絲波紋。這種境界讓我體會到，當我們的心靜如止水，周遭的世界也隨之變得安詳。就像那顆花生一樣，當它感受到專注的意念，便能從無生命的狀態中恢復了生機。

然而，平靜的心境並非唾手可得。日常生活中，我們的心意神經常受到外界的干擾。雜念如同雜草般，隨時都可能侵入我們的心田，使我們無法專注於當下。這種狀況，如同溪水流經石頭一樣，時而順暢，時而激盪不已。若無法駕馭這股流動，便會如漂浮的木片般，隨波逐流，找不到方向。

「你可曾感受過這樣的心境？」某次與一位好友的對話中，我忍不住問道。

「偶爾會有。但大多時候，我的心裡就像一片被風吹得翻騰的湖水，雜念讓我無法平靜。」他輕笑答。

「正是如此，這也是我一直在尋求的答案。面對外界的紛擾，如何能夠保持內心的平靜？」我點點頭。

與好友的對話，讓我更堅定了對「正思惟」的理解。正念，不僅僅是表面上的思考方式，更是一種引導我們內心達到平靜的修行。當我們心懷正念，內心的波動自然減少，情緒也會隨之穩定，進而帶來身心的健康與快樂。

**正念，不僅僅是表面上的思考方式，
更是一種引導我們內心達到平靜的修行。**

Chapter 2

小沙彌為螞蟻架橋，護生續命

　　《福報經》有這樣一個故事，在一片靜謐的山林中，有位得道的老師父居此修行，旁邊跟著一位年僅八歲的小沙彌，雖然年紀尚小，但心地純真，勤學不懈，過著平靜的修行生活。

　　師父預見小沙彌的壽命短暫，只能再活七天。於是，師父慈悲地叫他回家探望父母，第八天再回來。小沙彌聽後，心生喜悅，急忙向師父頂禮後，蹦蹦跳跳地踏上歸途。

　　然而，天公不作美，回家的路途上，突然間下起滂沱大雨，在地面形成一道道小河流，他低頭看見一群螞蟻在水中拚命掙扎，眼看就要被吞噬，他毫不猶豫地撿起一片樹葉架成橋，讓螞蟻群可以順利渡河。

　　小沙彌回到了家，發現一切如常，並無任何異樣。日復一日，七天過去，到了第八天清晨，小沙彌依照師父的吩咐，踏上了回山的路。

　　當師父遠遠看見小沙彌的身影，心中充滿疑惑，他應該在幾日前就已經走向死亡，為何仍然健步如常，還能活著回來？師父心中充滿

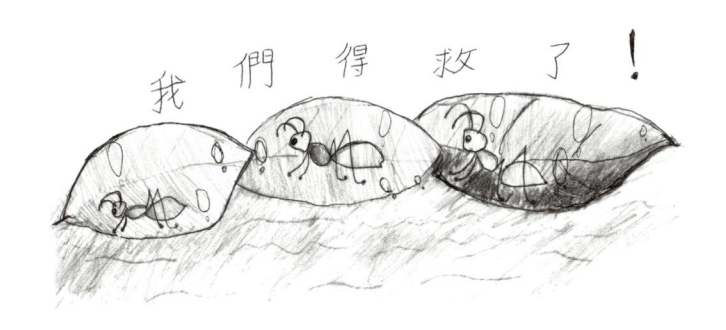

了不解,便進入了深定,開始觀察小沙彌的生命。片刻後,他得知了那一念慈悲的力量——原來正是小沙彌的行為,拯救了那些螞蟻的生命,也使得他的壽命得以延長。

「你可曾知曉,所做的這一件善事,將會改變你的命運?」當小沙彌走到師父面前,頂禮之後安靜地坐下,師父微笑著問。

「師父,七天我在家裡,並無做出什麼功德,怎麼會有這樣的變化呢?」小沙彌稚嫩的眼神中充滿疑惑。

「你救助了那些螞蟻,這一念慈悲,化解了生命的災厄。原本你應該在七天內命終,但因為你的善心和善行,生命已經延長了80多年。」師父輕輕一笑,語重心長地說。

一切都是因為那一念發自內心的慈悲與關愛,那位小沙彌不僅對生命有了更深的理解,也對自己未來的修行之路充滿了信心與決心。

貧可富,以善念創造內心的富有

記得在一場法會上,主持和尚曾開示道:「心安則平安。」這句話讓我深思許久。當我們的心靈能夠保持安定,生活中的困難便不再是無法跨越的障礙。

曾經在一場靜心打坐的課程中,親身體會到意念的力量。那是一場針對新生的靜心課程,學生們在靜坐前後的情緒表現大不相同。經過數次練習後,負面情緒明顯減少,同理心與包容心則大大提升。

我清楚記得,靜坐後,許多學生的臉上展現出久違的笑容,那是

一種由內而外的平靜與喜悅。

心中始終追隨著星雲大師提出的「三好四給」理念。三好——存好心、說好話、做好事，這是正念思維的核心，是內心善念的表現；四給——給人信心、給人歡喜、給人希望、給人方便，則是我們將善念外化的具體行動。這種實踐，能夠帶來內心的富足，也能夠促進社會的和諧與幸福。

「貧可富」，即使在物質上匱乏，我們仍然能夠透過心靈的修行，獲得真正的富有。這是我多年來所追求的生活目標，也是一種持續不斷的修行過程。正如我與好友所談論的，當我們心不隨境轉，生活中的困難與挑戰便不再是阻礙，而是成長的契機。

最終，我明白了這個道理：意念的力量無形而巨大，它能帶來健康與幸福，也能引導我們走向內外和諧的生活。當我們存好心，說好話，做好事，生命便會如同那輕撫心湖的和煦微風，帶來深遠而持久的改變。

三好，
是正念思維的核心，內心善念的表現；
四給，
則是我們將善念外化的具體行動。

行三好　淨三業

2-7

正念力量，
療癒身心靈

輕聲念起六字真言：「唵嘛呢唄彌吽」，這六字真言是佛法中的智慧結晶，據說能引發出巨大的療癒力量。

Chapter 2

最近，在幾次與學者、專家的交流中，生命教育的討論屢屢引向一個深刻的議題——靈性教育。乍聽之下，靈性教育似乎遙遠而深奧，充滿了神秘與難以捉摸的面貌。

然而，當我們將其細細品味，會發現，它其實與每一個人的生活息息相關，是一股潛藏在我們內心深處的力量，能夠引導我們突破物質世界的限制，探索內在的真實與無限可能。

靈性，從不孤立於生活之外

靈性教育的核心，是正念的培養。可惜的是，這樣的重要教育往往不易為人接受。

除非當事人有機緣接觸，否則對於靈性教育的存在，許多人仍處於懷疑的狀態。有些人深信不疑，有些人則始終不信，這樣的分野似乎難以交會。

回憶起與一位朋友的談話。她緩緩地說：「靈性教育，不是每個人都能接受的，若沒有親身體驗，它對許多人而言，只是虛無縹緲的概念。」

我點頭回應：「是的，有時，唯有經歷那股無形的力量，人們才能真正領悟它的存在。」這份理解，並非爭論能達成，而是需要在靜默中生根，感知裡開花。

靈性，從來不孤立於生活之外。當我們懷抱善念，心存柔和，那看不見的能量便如涓涓溪水，悄然流經我們的生命，帶來平靜與和諧。

這力量無形，其影響卻真切如光，映照我們的每一個選擇。

在談話中，我突然想到兒時的經歷。村裡有一位乩童，令人好奇的是，他不識字，卻能在法事時吟詩作對。我驚訝於他是如何從口中說出這些詞句。這一切是怎麼做到的？是心靈的某種力量，還是超乎常人的感知？

當我們懷抱善念，心存柔和，
那看不見的能量便如涓涓溪水，
悄然流經我們的生命，
帶來平靜與和諧。

六字真言，佛法中的智慧結晶

這個疑問一直縈繞在我心中，直到 1999 年，前往大陸貴州省拜訪一位名叫李老師的禪修者。那是我第一次親眼見證靈性力量的具體展現。

「你相信靈性嗎？」李老師問我。他的聲音柔和，卻帶著某種穿透力。

「我不知道，但我很好奇。」我如實回答。

「靈性不一定是看不見的！」他笑了笑，帶著我進入一間靜室。

他輕聲念起六字真言：「唵嘛呢唄嚜吽」，這是佛法中觀世音菩

薩的心咒,據說能引發出巨大的療癒力量。李老師經常用這些真言,幫助那些來自四面八方的病患。每當他默念真言,手放在患者的百會穴和病痛處時,患者的反應往往令人驚嘆。

我不禁心生敬畏,這真的是靈性力量的展現嗎?

「這是真的嗎?」當時心中充滿了疑問,於是親眼見證了李老師的治療過程。一位當地的婦女,不懂英文,也沒有接受過正規的教育,但當李老師引導她默念六字真言時,她竟然能準確地指出英文書中某頁某行的字母。這一刻,我心中震撼不已,這股看不見的力量,如何能如此準確地穿越語言與知識的障礙?

還有一次,一位病人被抬進李老師的家,無法行走。李老師僅用了幾分鐘的六字真言治療,這位病人竟然能自行走出房間。這一切彷彿超越了我們對科學與現實的理解,卻讓人不得不重新思考靈性力量的真實存在。

靈性的力量不僅僅是一種冥想或祈禱,它可以是實實在在的影響,改變著我們的身體和心靈。「存好心」便是其中最簡單的實踐。當我們以善意面對他人,整個宇宙的力量似乎也開始向我們靠近,讓我們所處的環境變得更加和諧。

**當我們以善意面對他人,
整個宇宙的力量似乎也開始向我們靠近,
讓我們所處的環境變得更加和諧。**

行三好　淨三業

心念自癒力，健康操之在己

一念慈悲，是通向智慧與永恆的橋樑，每一個小小的善行，或許就是改變命運的契機。

生命中的每一次選擇，或許都是一場命運的轉折。善念如一顆顆的種子，引領著我們在某個不經意的瞬間，種下慈悲的因果。

每一個念頭，都是一粒種子。最初看似微不足道，但隨著時間的推移，它會生根發芽，最終長成枝繁葉茂的大樹。而這顆種子，能夠選擇成長為善意的樹，還是恨意的藤蔓，完全取決於我們如何灌溉它。

曾經有位婦人，她的娘家父親被診斷出罹患直腸癌，而她的公公也同時被告知患上了肝癌。

她要在兩地之間來回奔波，無論是照顧病榻上的父親，還是守護公公的生命，幾乎無法停下腳步。

她的父親，當醫師宣告他罹患癌症的那一刻，心中滿是悲哀與無奈。他無法理解，為何天降如此重的災難於他，為何自己會成為這場命運的受害者。他每天低頭捶胸，埋怨命運的不公，感到身心的極度痛苦。

在進行化療的過程中，隨之而來的副作用像是無形的枷鎖，他逐漸變得無力，隨著時間的流逝，心智也在慢慢凋零，最終，他放棄所有治療，放棄復健，甚至放棄對生命的希望。在病魔的侵襲下，最終離開了這個世界。

然而，同樣身罹癌症的公公，卻是另一番景象。雖然同樣被診斷

為肝癌末期，心態卻大相徑庭，他戒掉曾經嗜菸如命的習慣，也放下酒杯，開始養成規律的生活作息。

「一切還不晚，只要不放棄，就仍然有希望。」他這樣告訴自己。

每天，他都在改變，從飲食開始，將葷食轉為生機飲食，並且定期進行運動和練功。他不讓病痛拖垮自己的意志，始終堅信只要努力，命運就能改變。配合醫師的診斷和治療，他的身體逐漸恢復了活力，精神也日漸充沛，成為了一個永不言敗的戰士。

這兩位患者，儘管在同一時刻面對了癌症的挑戰，卻走出了截然不同的路。那條充滿怨氣與放棄的路，最終帶來了痛苦和死亡；而那條充滿希望與堅持的路，卻讓另一個人重生，煥發光彩。

雖然面對同樣的病痛，但心態的不同導致了截然不同的結果。當我們以正念看待生命中的挑戰，內心的力量便會引導我們向好的方向發展。這不僅僅是身心的治癒，更是一種內在的力量，能夠驅使我們活得更加健康與幸福。

命運或許會將挑戰擺在我們面前，但是選擇用什麼心態面對，決定了我們的未來。

日耳曼新醫學（German New Medicine）的創辦人黑默醫師（Dr. Ryke Geerd Hamer）曾經指出，情緒與癌症之間存在著深刻的關聯。人們的情緒狀態直接影響身體的健康，負面情緒如同毒素般積累在體內，最終導致疾病。這讓我深刻體會到，正念不僅僅是心靈的修行，更是一種治癒身體的力量。

> **正念不僅僅是心靈的修行，**
> **更是一種治癒身體的力量。**

心識萬象由此生，以正向願力扭轉業力

意念，雖無形無影，卻深深影響著我們的身心，這種無形的力量，正如存在四周的風，無聲無息地改變著一切。

它似乎看不見、摸不著，卻能在無聲無息間左右著我們的行為、情感與選擇，這便是心識的奇妙，牽動著每一個生命的軌跡。

從科學的角度來看，心識分為意識與潛意識。在佛教的教義中，心識被唯識學者進一步細分為八識：眼識、耳識、鼻識、舌識、身識、意識，以及末那識和阿賴耶識。

每一個感官，都是我們接觸世界的窗口，經由這些窗口，與外界的六塵——色、聲、香、味、觸、法，相互交織，產生了心識無窮無盡的分別與感受。正是這些感官的反應，引發了我們的貪欲、瞋恨、疑惑、焦慮與一切負面情緒。這些情緒如同沉默的巨浪，悄然襲來，摧毀了內心的平靜。

在佛教的深奧理論中，末那識總是執著於自我，一切想法都圍繞著「我」而轉；而阿賴耶識則如一片深邃的海洋，含藏著所有生命最根本的種子，無論是過去的善行還是惡行，都被無聲地全部收錄在這個黑盒子當中。

Chapter 2

　　每一個微小的念頭，或許在當下無法察覺，但它的力量卻能在未來的某一時刻，將我們帶向不同的命運。萬象由此起伏，生生不息。

　　科學家們曾經指出，人類的大腦擁有大約 1,000 億個神經元，這些神經元像是無數小小的火花，通過複雜的連結構成了一個龐大的神經網絡。每一個神經元可以與一萬個其他神經元相連，形成一個令人驚嘆的大腦系統，似乎與宇宙萬物的微妙聯繫相呼應。

　　這個巨大而精密的網絡，能夠解讀並處理我們的每一個感知與念頭。儘管如此，這些思想的波動常常並非由理性所控制，而是由潛意識中深藏的習性與業力所操縱。

　　正如佛洛伊德（Sigmund Freud）所言，意識只占整體心靈的 12%，而潛意識則占據了 88% 的領地。這意味著，雖然我們以為自己是清晰理性的存在，卻常常被潛藏於內心深處的念頭、情緒與過去的經歷所影響。這些過去的業力，如影隨形在不經意間塑造了我們的行為模式，讓我們無法真正擺脫那些深藏心底的恐懼、焦慮與執念。

　　《心靈禮物的力量》（*The power of the gift*）一書作者也指出，我們的生活常常受到內在負面意念的牽引。若是能夠學會轉化這些負面情緒，並以慈悲、大愛與正念來面對生活中的一切挑戰，那麼我們的內心便能發出光芒，照亮周圍的一切，並創造出和平、健康與快樂的生命經歷。

　　相反地，當我們被過去的業力所束縛，容易沉溺於妄念與我執之中，便會不斷地陷入無休止的煩惱與痛苦。

過去，德國有 3,000 多位醫師進行過一項研究，發現情緒糾葛與癌症之間有著驚人的關聯。他們發現，當一個人長期活在憤怒與仇恨中時，這些情緒的不平衡會直接影響到身體的健康，最終可能引發各種疾病，甚至癌症。

尤其是情緒中的矛盾與不解，常常成為致癌的重要因素。這讓我們不得不反思，內心的負面情緒，究竟能對身心造成多大的傷害。

因此，擁抱正念，學會觀功念恩與懺悔，是改善內在狀態的重要途徑。當我們能夠存一顆善心、說一句好話、做一件好事，凡事以正面思維看待，心靈便會變得更輕盈，身體也將更加健康。

這不僅僅是一種自我解脫，也會對周圍的人與環境產生積極的影響。若能透過日常中的小改變，以願力扭轉業力，解開那些束縛心靈的鎖鏈，即能釋放出內心的無限潛能。

> 擁抱正念，學會觀功念恩與懺悔，
> 是我們改善內在狀態的重要途徑。

靜心與正念，存好心的實踐

當我們看到這些經歷之後，漸漸理解到，靈性教育並非難以觸及，它潛藏於日常思維和行動之中。

「存好心」不僅是個人的修行，它也是社會和諧的基石。哈佛大

學的一項研究發現，家庭和睦、充滿愛的環境能夠顯著降低個體罹患高血壓和心臟病的風險。這些身體上的疾病，往往與內心的煩惱息息相關。

在哈佛的一項研究中，我看到一個明確的關聯性：哈佛大學曾對一班即將畢業的學生持續進行長達 30 年的研究，發現那些生長在和睦家庭、擁有良好人際關係和愛心環境中的學生，30 年後患上高血壓、心臟病等疾病的概率相對偏低。

這樣的結果不禁讓人思索，情感、關係、心境與健康之間的關聯究竟有多深？事實上，我們的心態與情緒不僅是精神上的狀態，更直接影響著生理反應。

國立臺灣大學的前校長李嗣涔教授，進行了數十年的實驗，發現宇宙之間充滿了訊息能量場，而人類可以通過心靈的修煉，逐漸感知到這些能量。教授發現，當人們以手指頭接觸到「佛」字或「耶穌」的字樣時，手指頭竟然可以感受到這些文字散發出光芒。

這些看似玄妙的現象，其實正是在告訴我們，人類的心靈有無限潛能，我們對宇宙的理解還遠遠不夠，而靈性教育正是開啟潛能之門的鑰匙。

每當我靜心思考這些經歷，我發現「存好心」並不需要特別的技巧或儀式。它來自於我們日常的念頭、言語和行動，能夠保持內心的善意，靈性力量便會自然增強，與宇宙的正能量產生共鳴。

《佛光菜根譚》：「正念如盾牌，可以抵禦強敵，保衛自身；正

見是盔甲，可以抵擋誘惑，遠離三毒。」靜心、正念，這些都是「存好心」的實踐。

我們可以每天在生活中練習，無論是對待親友，還是與陌生人相處。當我們發現心中升起負面情緒時，靜心片刻，讓善念再次充滿心靈，便是靈性的修行。

我們不僅影響自己，還會影響整個社會，這就是靈性教育的真正力量。人生的每一刻，都是靈性成長的契機。讓我們學會「存好心」，用善意與世界交流，讓每一個日常的時刻，成為心靈修行的階梯。

當我們發現心中升起負面情緒時，
靜心片刻，
讓善念再次充滿我們的心靈，
便是靈性的修行。

Chapter 2

2-8
心能轉物，即同如來：波蘭集中營的深刻啟示

當我們能夠覺察自己的念頭，並有意識地選擇那些正向、充滿愛與悲憫的念頭時，便能夠轉化內在世界，從而改變外在的世界。

Chapter 2

翻開那本已泛黃的札記，彷彿又回到了多年前，在波蘭參加國際工程教育會議的日子。

那次的旅程，原本是為了探索學術交流與技術創新的未來，但出乎預料的是，它不僅改變了我對人性與集體意識的理解，還將我引向一段深刻的歷史反思。特別是當我們參觀奧斯威辛集中營時，內心的震撼，猶如一股巨大的潮水，瞬間吞沒了我的思緒……。

當時為何沒人阻止希特勒？

那片土地，曾經經歷過無數無辜靈魂的痛苦與哀嚎。數百萬生命，在短短幾年內化為灰燼，消失在毒氣室與焚屍爐中。這不僅是人類歷史上最深刻的傷痛，更是對人性與集體意識的一場巨大拷問──它如何形成、如何被操縱，又如何深深影響著我們每一個個體？

在那裡，感受到一種無法言喻的沉重，猶如歷史的回聲依然在耳邊迴盪，無法被遺忘。

當我站在奧斯威辛的集中營裡面，腦海裡不斷浮現一個問題：為何當時沒有人阻止希特勒的滅絕猶太人行動？為何這樣多的德國民眾竟選擇默許？我知道，這不僅僅是個人選擇的緣故。

一切背後暗藏著集體意識的作用，一種由恐懼、仇恨、偏見交織而成的深層心態，深植於每一個人的潛意識中，彷彿無形的網絡，將無數個人聯繫在一起，推動他們朝著一個方向前進──即便那個方向是錯誤的、是偏差的。

行三好　淨三業

　　與幾位學者的對話中，我們常常提到集體意識。它不僅僅是個人的集合，更是人類社會在時間長河中所形成的一種潛在力量。這股力量，可以是正向的，如同佛法中所提到的三好；也可以是負面的，正如納粹德國的集體狂熱。

　　當一個人被集體的意識包圍時，個人的意志常常會被削弱，甚至喪失。這正是希特勒得以崛起的根源：他利用了德國人民的集體意識，將他們的恐懼和不安轉化為仇恨，讓他們將一切苦難歸咎於猶太人，並用這種虛假的優越感，來掩蓋他們內心的焦慮與脆弱。

> **集體意識不僅是個人的集合，
> 更是人類社會在時間長河中所形成的一種潛在力量。**

正念靜坐，轉化個人與群體的意識

　　佛教中，因果循環的概念被稱為「八識田」，我們的一切行為、言語和思想，無論是善的還是惡的，最終都會儲存在第八意識中，也就是阿賴耶識。

　　這些種子隨著時間成長，當因緣成熟時，它們便會從潛意識中浮現，通過我們的身體、語言和行為展現出來。這樣的循環不僅影響個人，更會在群體中傳播，形成集體的業力。當一個群體的意識被仇恨和分離心所主導時，悲憫心便會逐漸消失，取而代之的是冷漠、無情和虛假的優越感，這正是納粹德國悲劇的根源所在。

然而，集體意識並非總是負面的。當我參訪瑪赫西管理大學（Maharishi University of Management）時，便親眼見證了正向集體意識的力量。在這所大學裡，師生們每天都進行「超覺靜坐」，這種練習幫助他們在繁忙的學習生活中保持內心的平靜與專注。該校把大一新生的腦波掃描，與經過四年禪坐後的大四生腦波對照，發現有顯著差異。

多年來，校園的氣氛逐漸變得和諧，學生們的專注力和創造力也顯著提高。這正是一個正向集體意識的典範：當每個人都專注於內心的修養，集體的力量便會推動整個群體向善，向和諧邁進。

在接掌南華大學之前，我曾於臺灣工業技術學院（現國立臺灣科技大學）任職，之後接任國立雲林科技大學、擔任教育部次長，這些年間，隨著科技的進步，學生從按鍵式手機到現在的智慧型手機，看到各個學生成為「滑世代」，手機和平板電腦不離手，長時間在聲光刺激下，心變得散漫，學習也不專注。

有鑑於此，學校把「正念靜坐」課程納入「大學涵養」通識課程，規定大一新生都必修，結果發現學生的情緒困擾減少了五至六成，同理心則增加了近八至九成。

除了鼓勵師生「正念靜坐」，我也身體力行，30 幾年來，把靜坐當作每天的早晚課，早上靜坐 30 分鐘，讓自己有冷靜的頭腦，迎接一天工作的挑戰；晚上再靜坐 30 分鐘，充分放鬆身心，紓解一天的工作壓力。

自從練習靜坐紓壓之後，生活裡少有「生氣」情緒。事實上，一個人發脾氣並不能釋放或轉化壓力，反而容易形成氣脈糾結，影響健康。

**當每個人都專注於內心的修養，
集體的力量便會推動整個群體向善，
向和諧邁進。**

集體意識，人類心靈的鏡子

集體意識，如同把我們每個人的內在投射加以匯集。

電腦是依據方程式來工作，人類也有「命運方程式」：因為「念頭」的重複出現，而造成「行為」，「行為」重複出現，產生「習慣」，「習慣」根深後變成「性格」，「性格」最後造就了我們的「命運」。

佛家所說：「一切有為法，如夢幻泡影。」我們的念頭，無論是善念還是惡念，最終都會化為所處世界的一部分。

如果我們心懷仇恨，這種仇恨便

會在群體中蔓延，最終或且化為戰爭和毀滅；但如果我們能歷事練心、保持正念，這樣的善念便會在群體中擴散，最終成為和平與繁榮的驅動力。

我常常想起那段在奧斯威辛集中營的經歷，感受到那種深刻的悲痛與震撼。然而，這樣的歷史不應只停留在記憶中，它更應該成為反思集體意識力量的契機。

是否能夠從這段歷史中汲取教訓？是否能夠學會如何轉化我們的集體意識，讓它成為一種正向的力量，而不是毀滅性的洪流？

「集體意識是每個人心靈的鏡子。」我對自己低語，「它反映出我們內在的情感與信念，也塑造了我們所處的世界。」

在這個充滿不確定性的世界中，每個人都是集體意識的一部分。或許，我們無法立即改變整個世界，但可以從自己做起，從每一個念頭、每一個行動開始，並將這種正向的能量傳遞給周圍的人。

當越來越多人正念感恩時，集體意識便會逐漸轉化，變得更加和諧、更加正向。

末法時代，日日行三好

在宣揚佛法的悠長歷程中，時光如流水般無聲流淌，五百年的巨輪又一度過去，成為無數修行者心中的警示。

記得在《大方等大集經・月藏分》提到「五五百年」的說法，佛陀入滅後，五期五百年，象徵著佛法的興廢、衰盛。而每一個五百年，

行三好　淨三業

都是一個深刻的歷程，有時澄清如鏡，有時波濤洶湧。

「五堅固」，意即五個堅固的時期，是佛法在世間顯現與流傳的啟示。前兩個時期稱為「正法時期」，第三及第四個時期稱為「像法時期」，第五個時期之後則稱為「末法時期」。

它們各自代表著不同的時代風貌和修行的特質，也指向人心在無盡時間的變遷中如何迷失、如何覺醒——

◎第一堅固：解脫堅固

在佛陀滅後的第一個五百年裡，正法興盛，解脫的道果如清泉般滋潤眾生的心田。這時期的修行者，踏實地行走於智慧的道路上，解脫自我，脫離苦海。

那時的佛法猶如晨曦，光芒萬丈，所有的修行者都能在這無垠的光明中，找到通往解脫的道路。

◎第二堅固：禪定堅固

到了第二個五百年，正法雖未完全滅失，卻進入了另一番景象。

人們雖無解脫，但修習禪定的修行者卻依然眾多。這是一個內心追尋平靜的時代，猶如鏡面上的水波，表面看似平靜，卻隱藏著不斷流動的波動。禪定的修行成為人們內心安定的依歸，雖然未能得解脫，但至少能夠在浮躁的世界中找尋一份寧靜。

◎第三堅固：多聞堅固

隨著時間推移，進入第三個五百年，佛法的真正修行者漸少，然

而，聽聞佛法的人卻依然眾多。

此時期，人們的心中充滿了對智慧的渴求，儘管修行的力量薄弱，卻依然渴望聽到來自遠古智慧的聲音，猶如古老的鐘聲在耳邊迴響，提醒著他們不忘追尋那份久遠的真理。

◎第四堅固：塔寺堅固

在佛法的傳承中，第四個五百年來臨。世人雖然未能再現往日的修行熱情，但建立寺廟與佛塔卻成為流行。

這些堅固的塔寺象徵著人們對佛法的敬仰與尊崇，雖然世間的佛教修行日益式微，但這些宏偉的建築卻如燈塔般指引著迷途的眾生，提醒著他們，儘管人心已遠離真理，但依然存在著尋求的力量。

◎第五堅固：鬥諍堅固

如今，我們正處於佛法的第五堅固時期——鬥諍堅固。這是佛法所說的末期，戒定慧三學似乎已經被世人遺忘，鬥爭與爭執成為人們生活的常態。

人心焦慮，社會混亂，衝突和矛盾不斷增多，甚至有時無法避免地導致傷亡。這時，正是佛法最需要復興的時期。倘若我們依然只關注眼前的爭鬥，那麼最終，將會陷入無盡的迷惑與痛苦中。

然而，儘管我們身處這個亂象紛呈的時代，仍有一條通向和平與清明的路，那便是修身養性，力行三好。

做好事、說好話、存好心，如一股清泉，能夠滋養心中的善念，

行三好　淨三業

消解我們心中的怨恨與衝突。若每一個人都能在日常生活中，積極修身養性，減少不必要的爭執，或許能在這個充滿鬥爭的時期，留下片刻的寧靜與光明。

如此，佛法的智慧依然在人心中流淌，即便在時代的洪流中，我們依然可以找到一線光明，照亮前行的道路。願每一位在這亂世中修行的人，都能夠心如明鏡，無所畏懼，面對這一切的挑戰與考驗。

「五堅固」是佛法在世間顯現與流傳的啓示，
各自代表著不同的時代風貌和修行的特質，
也指向人心在無盡時間的變遷中如何迷失、如何覺醒。

正念，改變世界的力量

正念，便是這一切的核心。一場奧斯威辛之行，讓我深刻反思集體意識的影響力，也使我更加堅定了修持正念的信仰。

正如佛陀所說：「心能轉物，即同如來。」當我們能夠覺察自己的念頭，並有意識地選擇那些正向的、充滿愛與悲憫的念頭時，便能夠轉化內在世界，從而改變外在的世界

當我們每個人都這樣做時，集體意識便會隨之轉變，最終，這股力量將推動整個人類社會朝著更和平、更繁榮的方向發展。有一首《心命歌》值得我們參考：

心好命又好，富貴直到老。
命好心不好，福變為禍兆。
心好命不好，禍轉為福報。
心命俱不好，遭殃且貧夭。
心可挽乎命，最要存仁道。
命實造於心，吉凶惟人召。
信命不修心，陰陽恐虛矯。
修心一聽命，天地自相保。

——清·袁樹姍《心命歌》

　　靜靜地，風吹過窗外的樹葉，我閉上眼睛，感受到內心的寧靜與安詳。這一刻，我明白，無論外在的世界如何變遷，內在的正念與覺知，永遠是我們走向光明的指引。每個人都是集體意識的一部分，而正念，便是我們改變世界的力量。

**內在的正念與覺知，
　永遠是我們走向光明的指引。**

2-9

覺察內在，
感受當下平靜

在繁忙的日常裡，靜坐為人們提供了一個暫停的機會，讓內心回到當下，感受內在的寧靜與和諧。

静坐與冥想，是一種與自我對話的方式，也是一種與天地相通的途徑。在繁忙的日常裡，靜坐為人們提供了一個暫停的機會，讓內心回到當下，感受內在的寧靜與和諧。

我常常思考，當我們在一片喧囂中靜心時，是否也能夠觸及更廣大的集體意識？這一切的改變，不僅僅是對個人心靈的調整，也是一個對整個群體意識的潛在影響。

靜坐力量，個人與集體的頻率共振

記得讀過《人間福報》一篇文章，報導關於靜坐如何提升運動員的戰鬥力。內文提到，在一場大專足球賽中，南華大學的球員在比賽前因指導老師慧功法師的建議，靜坐了 10 分鐘，最終以微弱的差距取得勝利。這不僅僅是一場比賽的勝利，也是一場內在心境的勝利。

在那一刻，靜坐不再只是個人的修為，它成為了團體意識的一部分。當每個球員沉浸在自身的呼吸之中，整個球隊的能量也在這份寧靜中得到了調整。

他們不再僅僅是為了勝負而戰，而是為了達到一種超越自我的境界，一種對彼此、對團隊的緊密聯結。這樣的心境，不僅讓他們的動作更加協調，也讓他們更能掌握到場上的每一個瞬間。

靜坐的力量，超越了身體的疲憊，觸及了心靈深處。一如美國瑪赫西管理大學，透過引導學生每天於課前靜坐的 20 分鐘，後來研究發現學生的腦波隨著時間的推移而發生了變化，從繁忙的 β 波（每

秒 14 至 30 Hz）逐漸過渡到沉靜的 α 波（每秒 8 至 14 Hz），甚至更深層的 θ 波（每秒 4 至 8 Hz），如果能夠再進入更深的禪定，亦可達到 δ 波（每秒 0 至 4 Hz），這不僅帶來了專注力的提升，還讓他們的思想與行為悄然改變。

「靜坐真的有這麼神奇嗎？」當時同行的一位朋友曾這樣問我。

「它或許不是立即的，但確實有效。」我回答道。「就像海面上的波浪，它看似隨時變動，深處的海水卻是一片寧靜致遠，靜坐就是讓我們觸及那份安靜與平和的過程。」

這份寧靜，不僅僅存在於個人之中，它也能轉化為一種集體的力量。正如南華大學的球隊，在經過靜坐後，他們的集體意識得到了調整，情緒變得更加穩定，專注力也隨之提升。

在這樣的狀態下，團隊中的每個成員不再只是單純的個體，而是眾志成城，形成一股共鳴的能量場。

這種集體的正念，不僅能幫助他們在比賽中表現得更好，還讓整個球隊無形中建立良好默契。

**如同海面上的波浪，它看似隨時變動，
深處的海水卻是一片寧靜致遠，
靜坐就是讓我們觸及那份安靜與平和的過程。**

專注內在修為，培養正念

我們生活在一個數位化的時代，資訊鋪天蓋地，手機、電腦成為了日常生活的一部分。然而，這些科技也讓我們的專注力變得更加分散，情緒變得更加不穩定。

身處這樣的環境中，靜坐與正念的練習變得尤為重要。它不僅幫助我們找到內心的平靜，還讓我們重新連結到自己的本質，從而影響所處的群體。

還記得曾經與南華大學的一位校安人員交談時，他發現住宿新生的情緒常常浮躁不安，但在經過一年的生命教育與靜坐訓練後，他們的態度與脾氣都有了顯著的改善。

「這不僅僅是個人的變化，」他說，「這是一種集體的轉變，當每個人都變得更平和，整個校園的氣氛也隨之改變了。」

這讓我深刻體會到，個體的覺醒達到一定比例後，往往會引發更廣泛的集體覺醒。當每個人都開始注重自己的內在修為，開始培養正念，這份能量會自然地擴散到整個社會，形成一股積極向上的力量。正如佛法中所講的因果循環，當我們種下了善的種子，最終收穫將是豐碩的善果。

**個體的覺醒，
往往會引發更廣泛的集體覺醒。**

定課與持咒，無住而生心

有位朋友曾向我提問：「校長，我在靜坐、打坐或做事的時候，可以同時念佛號嗎？」

我聽後不禁微微一笑，輕聲答道：「若只是口念彌陀，心卻飄散如風，那麼喊破喉嚨也無濟於事。」這樣的回答或許聽來簡單，卻蘊含著深刻的道理。心若不安定，任何修行都只如浮光掠影，無法深入人心。

由於六根與情緒和外在環境有所相應，若是能夠練習意念清淨，自能念而無念，無念而念，念到一心不染，達到「都攝六根，淨念相續」的最高境界。

《六祖壇經‧無相頌》曾云：「心平何勞持戒？行直何用修禪？」這句話意在告訴我們，若心中安定，內外自然和諧，行為亦無需外求約束，戒律自然而然便落實於無形中。

誠如一位真正的修行者，他的內心常常是平靜而寧和的，他在日常生活中所展現的，無論是對父母的孝敬，對他人的仁愛，還是對社會的責任感，皆體現出深厚的恩義與大愛。此時，他的舉手投足，無不符合禮法，無需再去刻意持戒，因為真正的修行，便是內心的安住與自然的流露。

「挑柴運水無不是禪，行住坐臥皆不離禪。」這句話告訴我們，學佛不應是某種刻意的約束，而應該是一種生活中的自在與覺知。

當我們心中擁有慈悲與智慧，即使是挑水挑柴的日常，也能感受

到一種無處不在的禪意，心靈的每一次感知、思辨，都是與天地共鳴的契機。真正的修行，並不在於外在的形式，而是在於內在的心靈安住，並在這份安住中，理解萬物、理解人心。

明代憨山大師〈費閑歌〉也說過：「念佛容易信心難，心口不一總是閒；口念彌陀心散亂，喊破喉嚨也徒然。」

學佛，不是捨棄生活，而是讓生活回歸真實與和諧。當我們的心如清水般透明、安穩，人與人之間的關係也會變得溫暖、和諧，所有的爭執與偏見都會在這股慈悲的力量面前消融。無論在家修行，還是出家禪修，最重要的，始終是那份深藏心底的平靜與清明。

讓我們一同思索，若心無所住，是否便能在這瞬息萬變的世界中，保持一份從容與慈悲？

「挑柴運水無不是禪，行住坐臥皆不離禪。」
這句話告訴我們，
學佛不應是某種刻意的約束，
而應該是一種生活中的自在與覺知。

靜下心來，世界也會隨之平靜

靜坐與正念，不僅是一個人的修行工具，也是轉化集體意識的重要途徑。

當更多的人能夠以平和、正念的態度面對生活，整個社會將會變得更加和諧。我們不僅會看到個人情緒的穩定，還會看到集體的行為模式得到改善。

「當一個群體有越多的人能夠覺察到自己的內在，」我曾經與一位禪修導師討論時，他告訴我，「這個群體就能夠突破過去的桎梏，走向更光明的未來。」

正如我在南華大學推行的「三好運動」，這樣的行動不僅僅是對個人有益，它還會產生一種連鎖反應，逐漸改變整個群體的氛圍。當每個人都開始注重自己的行為，開始關心他人，集體的正向力量將會迅速增強。

正念練習，不僅讓我們在當下感受平靜，更是一種對集體意識的療癒。當個人意識變得更加覺知，我們的集體意識也會隨之變得更加和諧。這樣的轉變，或許不會在一夜之間發生，但只要堅持下去，最終會像水滴石穿般，逐漸改變我們所處的世界。

在每一個與自我對話的時刻，我們也在與這個世界對話，讓愛、和平與智慧成為人類共同的語言，讓集體意識更趨和諧與寧靜。

「當你靜下心來時，世界也會隨之安靜下來。」這句話曾經在我心中迴響許久。如今，我明白，它不僅僅是一句個人體悟，還蘊含著更深層的集體智慧。

當我們每個人都能夠靜下心來，整個社會也會隨之變得更加平和與安定。這一切，或許只是從一個簡單的靜坐開始。

Chapter 2

正念練習，
不僅讓我們在當下感受平靜，
更是一種對集體意識的療癒。

行三好　淨三業

2-10

靜心養氣
體察生命之源

每一個念頭、每一個行為、每一次選擇，都在為自身下一個生命播下種子。若是能夠理解這一點，或許我們會更謹慎每一個瞬間的造作，去思考自己所造的每一個「因」，它將如何在未來開花結果⋯⋯。

在靜心調氣前有一種功法稱為「六字訣呼吸法」，吐氣時念出噓、呵、呼、呬、吹、嘻等音，以調理內在情緒。

每一個字有不同對應的臟腑，透過不同的吐氣聲，可以振動不同的氣脈，讓一個人思緒慢慢變得平穩，也是中醫調整臟腑、治療輕微疾病的一種健康養生法。

靜心養氣六字訣──與身心靈和諧共振

在《養性延命錄》這本古老的中醫養生經典中，南北朝的醫學家陶弘景提到過一個簡單卻極為深刻的原則：「納氣有一，吐氣有六」。這句話的意思，是我們的吸氣可以視為單純的「一」，而呼氣卻蘊含著多達六種不同的方式，正如同人生的行止過程，充滿無限的可能與變化。

隨後，在隋代天台高僧智顗大師的《修習止觀坐禪法要》，也提到了一種與呼吸相關的治療方法，這正是六字訣的起源。智顗大師說，治病的關鍵在於觀心，並用六種氣來調和身心。這些方法有助我們在日常呼吸練習時，重新找回身心靈的平衡與健康。

到了唐代，著名醫學家孫思邈進一步將這些理論融合五行的智慧──木生火、火生土、土生金、金生水、水生木，並依照四季的變化，將呼吸、意念與肢體動作相結合，讓身體的每一個細胞都能夠吸收天地的精華，通暢氣血，達到真正的健康。

「六字訣呼吸法」要求我們在練習時放鬆身心，保持內心的寧靜，讓每一次的呼吸都如同風的自然流動。特別是腹式呼吸法，當我們輕

行三好　淨三業

輕舌頂上顎，吸氣時，小腹緩緩鼓起；吐氣時，則輕收腹部、提肛門，隨著吐氣的流動，從心中想像著對應的臟腑，再發出特定的聲音。

這不僅僅是一場呼吸的練習，更像是一次心靈的洗滌，讓我們能夠與自己的身心靈達到和諧共振。

久而久之，若能掌握這些簡單卻神奇的技巧，身體與心靈都將獲得真正的舒展與治療。每一個深呼吸，都是一場內在的旅程，帶領我們走向更加健康與平衡的生活。

如何對應臟腑予以發聲，以下經彙整簡要分述「六字訣呼吸法」：

◆噓（音：需）｜理肝火｜五行屬木

噓，對應的臟腑就是肝，五行屬木，四時屬春。透過「噓」字可以調整肝火，抒暢肝氣。透過練習「噓」字功，可以化解鬱結之氣，排出肝臟中的氣結。

◎**建議動作**：噓氣時，用力睜雙目，有吟：「眼中赤色兼多淚，噓之立去病如神。」

◆呵（音：喝）｜補心氣｜五行屬火

呵，對應的是心臟，五行屬火，四時屬夏。練習時不要振動聲帶，可以運化心臟的鬱結之氣，譬如說一個人咽乾口渴、心悸、心絞痛、失眠、健忘等，都可以透過這種「呵」字功的練習，排出負能量，讓心情舒暢、愉悅。

◎**建議動作**：呵氣時，兩手輪流單舉托天，有吟：「喉內口瘡並熱痛，呵之目下便安和。」

◆ 呼（音：呼）｜理脾氣｜五行屬土

呼，對應的是脾胃，在五行上屬土。它開竅於口，當脾胃不舒服，口臭、腹脹、腹瀉、消化不良、食慾不振等等，都可以多練習這個「呼」字功。如果是由於肝火過旺而引起的脾胃失調可以先練習「噓」字功，平肝火之後，再用「呵」字功健心，然後再來用「呼」字功補脾。

◎**建議動作**：撮口呼之氣，有吟：「瀉痢腸鳴並吐水，急調呼字免成殃。」

◆ 呬（音：四）｜補肺氣｜五行屬金

呬，對應的是肺，五行屬金，四時屬秋。練習時聲帶震動若有若無，震盪一下自己的肺氣，增加免疫力。一般肺部毛病與空氣污染等都有關，另外就是感冒咳嗽、呼吸短促，或背部怕冷，都可以運用「呬」字功來調理氣機。

◎**建議動作**：呬氣時，雙手托天，有吟：「胸膈煩滿上焦痰，呬之目下自安然。」

◆ 吹（音：吹）｜補腎氣｜五行屬水

吹，對應的臟腑是腎，五行上屬水，四時屬冬。前面「呬」字功練習後，可做「吹」字功補腎氣。腎氣虛時依中醫理念會影響心悸、氣短或一些生殖系統問題。「吹」字功可以固腎，肺為腎之母，肺屬金，金生水，腎水虧損，予「呬」字功做完，作「吹」字功以補腎氣。

◎**建議動作**：吹氣時，坐雙手抱膝，有吟：「眉蹙耳鳴兼黑瘦，吹之邪妄立逃奔。」

行三好　淨三業

◆嘻（音：希）｜理三焦氣｜決瀆之官

嘻，對應的臟腑是三焦，三焦為決瀆之官（治水），其社會職能為疏通水道，保障水利萬物，「決瀆」即疏通水道，主命門、通氣，是全身調理氣機的通路。若相火旺盛，口乾心煩、忽冷忽熱、噁心、小便赤黃，可用「嘻」字功調理。

◎建議動作：嘻出氣，於平臥或側臥時，有吟：「鍛焦有病急須嘻，若或通行去壅寒。」

「呼吸六字訣」每一個字有不同對應的臟腑，
透過不同的吐氣聲，可以振動不同的氣脈，
讓一個人思緒慢慢地平穩，
也是中醫調整臟腑、治療輕微疾病的一種健康養生法。

六字真言脈輪靜心法──用聲音喚醒內在的光

在這個緊張又喧鬧的世界裡，我們希望有一個能讓心安靜下來，帶領身體重新找回平衡的方式，除了前面分享的「六字訣呼吸法」，「六字真言脈輪靜心法」則是另一種用聲音、呼吸與意念，使身心靈重新和諧共振的溫柔之道。

這個方法源自古老的養生智慧，根據《因為愛人類，我們說了這本書》作者星兒提到，透過「唵嘛呢唄嚩吽」六個音節，可引導我們

——打開體內七個主要脈輪的能量之門。

六字真言不僅幫助我們自身進入平靜，更能將這股祥和的能量擴散出去，讓整個世界產生共振——當你靜心誦念的那一刻，無數正在念誦的靈魂，與你產生連結，一起為地球注入一股溫暖的力量。

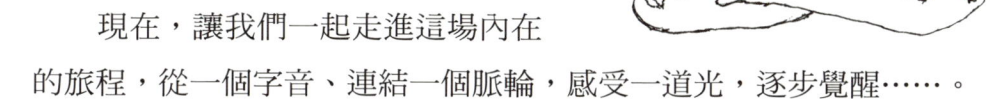

現在，讓我們一起走進這場內在的旅程，從一個字音、連結一個脈輪，感受一道光，逐步覺醒⋯⋯。

◆ 唵（音：翁或恩）｜頂輪｜紫光

這一音，是靈魂甦醒的第一道敲門聲。

當你輕聲念出「唵」，一道清澈的紫色金光彷彿從頭頂灑落。這是頂輪，連結宇宙與智慧的門戶。當它通暢，我們能洞悉真相、看見更大的全貌。若是受到阻塞，則容易陷入思維的困境，與直覺隔絕。

◆ 嘛（音：麻）｜眉心輪｜靛光、深藍光

這一音，是點亮內在視野的燭光。

「嘛」，如一縷深藍色的晨霧，在兩眉之間緩緩擴散。這裡是「第三眼」，掌管洞察與直覺的中心。當它敞開，我們看得更清，看穿表象直指本質。若失衡，則可能迷惘不安，難以做決定。

◆ 呢（音：尼）｜喉輪｜藍光

這一音，是為自己發聲的勇氣。

「呢」的振動落在喉間，如一道靜靜流淌的溪水。這裡是表達與傾聽之所，當它通暢，我們敢說、敢聽，也更懂得用真誠與世界連結。當喉輪堵塞，話語難以傳達，情感無法出口。

◆ 唄（音：貝）｜心輪｜綠光

這一音，是愛與被愛的橋樑。

「唄」如一朵盛開的綠色蓮花，綻放在胸口。這是愛的中心，是連結、寬容、共感的源頭。當心輪開啟，我們擁有真正的同理與慈悲；當閉鎖時，我們變得封閉與孤單。

◆ 嚜（音：米）｜臍輪｜黃光

這一音，是我們內在太陽的甦醒。

「嚜」震動在腹部，像是一道溫暖的黃光燃起。這裡是自信與行動力的核心，是我們的陽光與力量來源。當臍輪暢通，我們充滿自信；若閉塞，則可能常感自卑、懷疑自己。

◆ 吽（音：轟）｜海底輪｜紅光、生殖輪｜橙光

這一音，是我們與大地連結的根源。

最後的「吽」，像一股低沉的鼓聲，自脊椎底部傳來。這裡是生命之根，是安全感、活力、創造力的所在。當它穩固，我們有力量去愛、去創造、去活得完整。若堵塞，則容易感到焦慮、恐懼、無力。

Chapter 2

當我們靜下心來，緩緩地、一字一句地念出這六個音，配合呼吸與觀想相應色光的流動，可能會發現：身體變輕盈了，心也更寧靜了，整個人像是被一道道光溫柔洗滌。這就是「六字真言脈輪靜心法」的神妙之處，它只需要一份願意靠近自己的心。

每天花一點時間，用聲音與身體對話，用呼吸與宇宙連結。

在這個簡單的練習裡，慢慢找回最純粹、最完整的自己。

**走進這場內在的旅程，
從一個字音、連結一個脈輪，
感受一道光，逐步覺醒。**

走一趟生命的旅程──臺灣生命教育意象館的誕生

生命，是一場無人能預測長短的旅程。從初生的第一聲啼哭，到最後一口氣息的釋放，每一個階段都值得被認真凝視、深深理解。

為了讓師生們能夠真正理解生與死的意義，南華大學走出了一條溫柔且非凡的道路。

我們參考國際經驗，結合多方專業，在教育部的協力支持下，由時任副校長林辰璋帶領跨領域團隊──從幼教、生死教育、宗教哲思、自然療癒到社會實踐，一同攜手籌劃，打造出一座充滿靈魂溫度的學習場域：「臺灣生命教育意象館」。

這不只是一座展示館，更是一趟人生旅程的縮影。從生命的起點——孕育與誕生開始，到成長、探索、自我實現，再一路走向老病與最終的告別，館內將人生分為六個重要階段，邀請每一位參與者透過體驗與感受，重新看見自己與他人的生命樣貌。

　　這座意象館不說教，而是透過溫柔的場景與真實的情感，讓人們學會尊重生命、珍惜當下，也學習如何在面對生命的終點時，仍能保有尊嚴與平靜。自推動以來，意象館感動無數人心，不僅在國內引起關注，也受到國際肯定。

　　這不只是教育，更是一場生長、生活、生命間的對話，歡迎大家蒞臨意象館親身體驗，與自己深深相遇。

　　「臺灣生命教育意象館」是一座讓人「親身走一遍人生」的體驗之地——

生命教育之樹

（參考自臺灣生命教育意象館）

◎第一展區｜生命光澤：感受孕育的奇蹟

每個生命的誕生，都是一段因緣、一場驚喜。

在這個展區，可以穿上孕婦模擬裝，沉重的身軀，行動的受限，是媽媽懷胎十月最真實的縮影，也可以親手照料擬真的嬰兒，安撫一聲聲哭泣，理解那份既辛苦又溫柔的愛。

當我們換位思考，才能真正明白──有緣來到這個娑婆世界，是多麼不容易的一件事，必須感恩父母親的培育。

◎第二展區｜成長蛻變：從幼蟲到蝴蝶的旅程

人生的各個階段，就像一隻等待破繭而出的蝶蛹。

在這裡，將透過科技模擬，看見自己從孩童到老年，面容與身體的變化，感受時間在身上刻畫的痕跡，也可以穿上身障模擬裝備，體驗行動不便、視覺模糊、聽力退化的種種挑戰，從而理解那些默默努力、戰勝不便的靈魂，是多麼值得我們敬佩。

成長，不只是長大，更是蛻變，是一次次學會接受與超越的歷程。

◎第三展區｜璀璨三好：選擇善念的力量

人生長流，時時刻刻都在面對選擇。

「當別人需要幫助時，你會慷慨伸出援手嗎？」這個展區透過互動影片讓人感受：一個決定，可能改變故事的走向。觸控螢幕也收錄了全國許多在生命教育中默默耕耘的故事，他們用「做好事、說好話、存好心」的力量，溫暖了他人，也讓生命更有光彩。你我，也都可以

是那道光。

◎**第四展區｜正念靜坐：在喧囂中找到安定的心**

壓力，成了現代人最熟悉且揮之不去的朋友。

在這個展區，將學習如何「與自己好好相處」。透過靜坐與呼吸的引導，感受內在的平靜，將會發現，不需要離開城市，也能在心裡找到一處安然的空間。正念，不只是技巧，更是對生命的溫柔凝視。

◎**第五展區｜自然療癒：讓感官與心靈一起呼吸**

「閉上眼，你是想要飛向浩瀚宇宙，還是漫步森林、聆聽海聲？」

這裡是音樂、香氣與視覺融合的療癒空間，透過宇宙、森林、海洋、花朵──四大主題環繞，可以坐下來，靜靜呼吸，讓內心重獲寧靜。這不只是感官的放鬆，更是一次深層的心靈洗滌。在這裡，不需要說話，只需要感受。

◎**第六展區｜死亡尊嚴：與終點溫柔道別**

「死亡，並不是人生的句點。」在這個展區，透過虛擬實境「預演」人生告別儀式──拍攝遺照、回顧生命片段、模擬臨終、參加自己的告別式，甚至選擇土葬、火葬或樹葬。我們會驚訝地發現：面對死亡，並不需要恐懼，而是需要一點勇氣與溫柔的理解。

這不只是體驗死亡，更是一場提醒──道謝、道歉、道愛、道別。

走進這座場館，就像走進自己的人生劇場。從生命初露光澤開始，一路經歷蛻變、選擇、平靜、療癒，直到最後一刻的放下與重生。每

Chapter 2

一個展區,都在靜靜地告訴我們:「生命,是一場值得用心活過的旅程。」準備好走一趟了嗎?

**走進生命教育意象館,
就像走進自己的人生劇場。
從生命初露光澤開始,
一路經歷蛻變、選擇、平靜、療癒,
直到最後一刻的放下與重生。**

生命旅程之源、緣、圓——在平凡生活中修煉智慧與慈悲

大圓鏡智性清淨,平等性智心無病,
妙觀察智見非功,成所作智同圓鏡。
五八六七果因轉,但用名言無實性,
若於轉處不留情,繁興永處那伽定。

——《六祖壇經》

生命的輪迴,從出生到死亡,無一例外地走過這段過程。每一個生命的起點都從一個微小的誕生開始,隨著時間的推移,它不斷成長、蛻變,最終迎來衰老,然後踏上死亡的終點站。

無論我們在一生中取得多大的成就,或者多麼光彩照人,這一結

局似乎無人能逃脫。出生時的歡欣鼓舞，和死亡時的寂靜無言，這中間的每一刻都是如此珍貴。而對於生死之外的過程，我們卻常常忽略去探討：我們從何而來，死後又會往何處去？

從唯識學的角度來看，生命的存在建立在五感的基礎上。我們透過眼睛、耳朵、鼻子、舌頭，以及身體感知世界，每一個感官都是通向外界的觸角。眼睛所見、耳朵所聽、鼻子所嗅、舌頭所嚐、身體所觸及的每一種感官經歷，都與外界的色、聲、香、味、觸等物理現象緊密相連，這些感受便是我們所謂「識」的起點。

然而，真正決定我們生活質感的關鍵，並不僅僅是這些外在的感知。從唯識學的深層次來看，最重要的是「心識」，這是引導生活與感知的真正力量。眼識、耳識、鼻識、舌識、身識，這些前五識代表著我們與世界互動的基本生理作用，而在它們背後，還有一個更強大的力量——「第六識」，也就是「意識」。

這個第六識，正是我們思考、分辨的核心所在。它能夠統合前五識所帶來的各種感知，並賦予我們對這些感知的理解與分別，就像當我們看到一個杯子，眼識會知道它的形狀、顏色，至於更細微的分辨就需要第六識來完成。

所以，生命的經歷，不僅是感官上的反應，更是一場內心深處的探索。感知世界所呈現的樣貌，是由我們內心的智慧與意識所主導，而這個過程，正是每個人如何從出生走向死亡的根本。而在這之間，又該如何更清楚地理解自己，並與世界、與他人、與生命建立更深的

連結呢？

每一個人的生命，不僅僅是感官的反應或日常的行動。它更深邃、更隱秘的部分，藏在我們內心最深處，便是所謂的「第七識」和「第八識」。這兩個進階層次的意識，比我們常見的前六識還要更加微妙、更加幽遠。

第七識，或者稱為「我執識」或「末那識」，如同一個永不止息的我執記錄器，復刻著我們過去生命的痕跡，這些痕跡源自於我們無明的欲望、貪、瞋、痴的影響。

第八識，則被稱為「阿賴耶識」或「儲藏識」，記錄著我們生命中深層的「因」，這些「因」是生命最根本的種子，這些種子帶著我們走向無盡的輪迴。

佛陀在《雜阿含經》中說過，因為宿世的無明影響，貪瞋痴這三種煩惱，無論如何，我們似乎無法擺脫這個如影隨形的輪迴。在這個過程中，我們每日忙碌，忙於生計、繁瑣的事務，卻忽略了一個事實：死亡來臨時，一切的所作所為都將隨風而去，唯有我們的「業」會隨行，這就是生命真實印記。

因此，瞭解我們的身、口、意所造的業力，成為了生命中的一門重要功課。這不僅僅是對他人，對世界負責，也是對自己的一種警醒。在這一生中，我們如何思考、如何行為、如何選擇善與惡，將在未來被展開、檢視。而這一切，都與我們的深層意識有著不可分割的聯繫。

**瞭解我們的身、口、意所造的業力，
成為了生命中的一門重要功課。
這不僅僅是對他人，
對世界負責，
也是對自己的一種警醒。**

前六識是我們感知世界的工具，而這些感知的能量，通過第七識傳遞，源自第八識的深層生命根源而隱隱浮現。

有人曾用電器設備來做比喻，六根（眼、耳、鼻、舌、身、意）猶如插上插頭的電扇，它連接著第七識與第八識的電源，賦予我們的六根能量，讓生命得以運行。然而，當死亡來臨，就如同拔掉插頭一樣，讓六根失去力量，生命戛然而止。

這個過程，就像是我們的生命由第七識帶著第八識，從一個生命的形式走向另一個。當死亡發生約 8 到 12 小時後，第七識和第八識才會澈底離開這具身體，此時，它們會成為下一個生命的種子，進入中陰身，準備投胎，並且依據過去的業力選擇下一世的歸宿。

這兩個層次的意識——第七識和第八識，正是生命深層的部分。

它們無法顯現，但在整個生命歷程中，卻承載著無數的因果，決定了我們的未來，也塑造了過去的每一個選擇。

透過這樣的認識，讓我們不禁思考：「每一個念頭、每一個行為、每一次選擇，都在為自身下一個生命播下種子。」

若是能夠理解這一點，或許我們會更謹慎每一個瞬間的造作，去思考自己所造的每一個「因」，它將如何在未來開花結果……。

「中陰身」是一段介於死亡與再生之間的過渡期，只有我們最深沉的兩個意識——第七識與第八識相隨而行。這是生命輪迴中的一個關鍵時刻，無形中決定著靈魂的歸宿和未來的方向。

禪宗六祖惠能大師曾告誡過，修行的根本，在於讓內心的無明轉化，從「我執」到「智慧」。當我們能將第六識轉化為「妙觀察智」，第七識轉化為「平等性智」，並且讓第八識轉化為「大圓鏡智」，前五識轉化為「成所作智」，便能超越生命的束縛，達到一種圓滿的智慧與清明。

◎妙觀察智——見非功

當我們能夠去除分別心，我們的眼界便會更為寬廣。第六識的「分別心」，是對事物、對自我的過度分析與評判。放下這份分別，才能看到事物的真相與無常。

「妙觀察智」，並非強行追求某種功德，而是能夠觀察萬象，洞察一切的本質。此心如同澄澈的水，無論映照何種景象，始終不染不濁，能夠清晰而自在地理解生命的真實。

◎平等性智──心無病

修行必須去除「我執」。無論多麼強烈地想要控制、擁有，或是抗拒，都會讓心變得狹隘與有病。我執，貪、瞋、痴、慢、疑，這些束縛我們的心，使我們無法體會到真正的平等與安寧。

當我們放下這些執著，心中便無病無障，便能與世界、與他人達到真實的平等。這就是「平等性智」，一顆沒有嫉妒、沒有執著、沒有偏見的心，能夠以慈悲與智慧，對待所有生命。

◎大圓鏡智──性清淨

第八識，也就是「阿賴耶識」，在我們完全捨棄了煩惱與習氣後，將轉化為「大圓鏡智」，一種無漏的智慧。

這是一種能夠包容萬象、無所不照的智慧，它清澈、純粹，無任何污濁與偏見，回歸到最初的自性。每一個生命的變化、每一個宇宙的法則，都源自這個無限的智慧之源。它不生不滅，無所不在，能夠生發出萬千法界。

◎成所作智──同圓鏡

當我們的心與世界的交融達到圓滿時，第五識的轉化便會達到一種不可思議的境地。就像圓鏡般，無論映照何物，都能清晰無礙，隨時反映世界的真實。

在「成所作智」的境界中，我們不僅能看到自己，也能看到他人，甚至是整個宇宙的運行。這種智慧，讓我們能夠應對一切無常，幫助他人，並且始終不失自己的本心。

以上的闡述，雖然是一種宗教理論、理想，但只要因緣俱足，每個人都能達到此等真實境界。

　　關乎這些智慧，本來就在內心深處，等待被喚醒、去覺悟。當我們的心變得清淨，達到一定的境界，它們就會自然顯現，帶來無限的力量與福德。

　　因此，若想要達到這等智慧與平靜，最根本的還是「修心」。這是我們每個人都能做的功課，不是遙不可及的夢想，而是當下、每一刻可以實現的真實——密護我們的身、口、意，保持內心的清淨與覺知，便能超越內心的束縛，達到一種真正的自由與安寧。

　　這是一條回歸自我的道路，讓我們每一天都能在平凡的生活中，細微地呵護自己的內心，修煉智慧與慈悲，最終達到與宇宙和諧共鳴。

> 這是一條回歸自我的道路，
> 讓我們每一天都能在平凡的生活中，
> 修煉智慧與慈悲。

臨終關懷——一門人生的必修課

　　電影《人生大事》：「擁有的時候不要去毀，失去的時候不要去悔……。名利都是過眼雲煙，人生，除死，無大事。」

　　每個人終將面對生命的終點。當死亡來臨時，臨終關懷的意義，

並不在於延長生命的長度,而是如何提升臨終者在生命最後一段時間的質感與尊嚴。

這不僅是關心他們的身體狀況,更是關注他們的心靈需求,如何在有限的日子裡,讓他們過得更安詳、更自在,尤其是對臨終者與其親屬的情感支持。

南華大學為了面對此項嚴肅議題,特別於設校初期即設立「生死學系」,迄今已有大學部、碩士班及博士班,探討生死相關課題,包括臨終關懷、家人的悲傷輔導、社會工作支持以及殯葬事務。

根據國際生死學大師、南華大學講座教授釋慧開法師的專著《生命的永續經營》提到,我們肉體之使用年限是有限的,遲早要面對死亡,就好像機器一樣有它的使用年限,可是,我們的生命卻是無限的,因此怎樣建立生命的永續經營,必須要及早實踐。

慧開法師認為,當一個人世緣將盡的時候,萬般帶不走只有業隨身,一定要扭轉觀念,要心懷感恩,要懂得萬緣放下,提起正念。假設學佛的話,要一心不亂地念佛,從容於生命的賞味期之前,優雅謝幕風光畢業,不要做生命的延畢生。

因此,他特別提出「生死自在五千萬」要送給大家:

一、千萬不要拖過個人生命的賞味期。

二、千萬不要變成個人生命的延畢生。

三、千萬要保留自己的精神與體力,作為善終及往生佛國淨土(或上升天界或轉生善道)的能量。

四、千萬要及早成立個人的「往生後援會」及「往生互助會」，以確保自己的善終與往生權益。

五、千萬要及早確立自己未來生命的方向與去處。

（根據2025年4月13日《人間福報》記載，釋慧開法師於澳洲「生命的永續經營」三好講座，分享「生死自在六千萬心法」，第六個千萬為：「千萬要及早與諸佛菩薩加好友，並且天天保持即時聯繫。」如念佛或持咒，產生正向頻率共振。）

以上幾點，同樣可以作為捍衛臨終病人死亡尊嚴評估。在臨終關懷上，不同的宗教信仰有不同的要求規範。在佛教徒或認同佛教教義者方面，很多人都以佛經為遵從依據。

其中《阿彌陀經》有言：「不可以少善根福德因緣得生彼國。」能否往生三善道或以上者，必須看往生者在過去及現世的福德如何，多做好事、說好話、存好心，影響了當事者之往生業力。

《阿彌陀經》進一步談到：「執此阿彌陀佛名號若一日、若二日、若三日、若四日、若五日、若六日、若七日，一心不亂，臨命終時，阿彌陀佛與諸聖眾現在其前。是人終時心不顛倒，即得往生阿彌陀佛極樂國土。」往生者在臨終前，至西方淨土之大願力與念佛專一程度，亦影響往生者之往生品位。

此外，《弘一大師文集—法義》針對人生的最後一段大事，也有一些個人闡述，這裡簡要歸納如下：

◎病重時：當事者應將一切家務及自己身體悉皆放下，專意念佛。

一心希冀往生西方淨土。若病重但神識仍然清晰時,應請善知識為之說法,盡力安慰。

◎臨終時:切勿詢問遺囑,亦勿閒談雜話,以免牽動愛情,貪戀世間,有礙往生。若欲留遺囑者,應予康健時書寫,由專人保藏。倘臨終者要沐浴更衣時,可順其心意而嘗試處理。臨終時,或坐或臥,皆隨其意不宜勉強。大眾助念時,建議把阿彌陀佛接引像供於病人臥室,供他瞻仰。

◎命終斷氣時:不可急忙移動,必須經過8小時(有學者認為8至12小時比較穩當)之後,才可碰觸身體如浴身更衣。斷氣前後,家人萬不可哭泣,盡力幫助念佛。(斷氣時,心臟雖然停止,但往生者仍有神識,一旦觸及,相當痛苦,可能引發瞋恨,影響往生品位)。若要哭泣或移動更衣,建議在斷氣8小時之後。

◎薦亡等事:如請僧眾念佛,家屬亦應誦念,並予迴向。弔喪期間,宜用素齋,萬勿用葷,免生殺業,以避免不利於亡者。

◎勸請發起臨終助念會:助念可以協助亡者往生超度,但最重要者仍然是當事人在世期間的修持(如做好事、說好話、存好心的行持)方可臨終自在。建議大家及早預備。

以上是弘一大師建議臨終者要專心一意的念佛,只要一心不亂,往生後即可被西方三聖接引至西方淨土,阿彌陀佛國界。

此外,另有一些宗教人士建議也可以身口意三密與佛相應法門,對即將往生者亦有相當助益,只要心誠意淨,亦可往生西方淨土,甚

至可達上品上生階段。現在簡要歸納如下：

我們的人生是由四大（地、水、火、風）和合而成，根據《西藏度亡經》指出，人類死亡過程，身體會經歷五根（眼、耳、鼻、舌、身）和五大（地、水、火、風、空）分解的痛苦。

人的身體像肌肉、骨頭等堅固的物質是屬於「地」，流動的如血液、津液等屬於「水」，體溫屬於「火」，呼吸及體內的氣屬於「風」，四種物質遍滿了大千世界，被稱為「大」。人在死亡過程，身體從「四大不調或衰退」，進入「四大分解或崩解」的狀態。當快要斷氣的時候，四大會解體，會感到非常痛苦，猶如生龜剝殼。

解體時有一定的順序，首先「地大」分解融為「水大」，身體會感到十分沉重有如山壓；其次「水大」分解融為「火大」，口鼻都感到乾涸，感到波浪滔天；再其次「火大」分解融為「風大」，身體體溫下降，感到火焰沖天；再其次「風大」分解時，氣息將斷，呼氣長，吸氣短；最後消失融入「空大」，這時人能向外呼出長氣三次，但沒有入氣，直至外氣斷。

此時外氣雖斷，內息尚存，內息集中於人體的中脈。按佛教的說法，一般在斷氣後8至12小時內，臨終者的意識會繼續停留在肉體內。所以在往生者身旁的任何接觸，往生者都可以感受到。

在此期間，千萬不可以哭泣，以免影響往生者牽動情執容易墮入惡道；如果碰觸到往生者，也會讓他感到十分痛苦，即易產生瞋怨進入惡道。此時，最好方式是協助念佛或持咒，讓往生者心識同念，並

請往生者要放下一切，人生旅途已圓滿，不要留戀或罣礙。

如果往生者學過佛教密法，在臨終前可依「身口意三密相應法」予以練習：手結契印（如身體已不能活動可用意念觀想結印）如阿彌陀佛手印、準提菩薩手印或觀世音菩薩手印等，口中默念佛號或咒語，意念觀想對應佛菩薩像或觀想「ॐ」或「ह्रीः」字放光，讓身口意三密與佛菩薩法報化三身相應，斷氣後直接接引至西方極樂世界或佛國。如果心純意淨，專心行持，甚至可達上品上生階段。

斷氣後 12 小時至 3 天半內，神識會處於昏迷狀態。昏迷期過後，在尚未轉生輪迴前，往生者擁有的是沒有肉體的精神意識體，即所謂的中陰身，但有大善、大惡之人除外。大善之人，即生淨土佛國，大惡之人即墮惡道。其他的人即進入中陰階段，待七七四十九日內之審判結果至下階段輪迴。

依佛教、道教論點，死亡不是終點，只是肉體因死亡而毀壞，但生命是永恆的，並未因此而結束。往生者生前的（做好事、說好話、存好心）的行持品質程度，的確會影響至下一階段的往生層級。

這是一個關於如何走向終結的話題，卻也深刻觸及到生死學的哲理與情感的深處。我們不僅是討論死亡，更是在探索如何讓生命的每一刻都能夠充滿價值。透過臨終關懷，學會如何給予人最後的溫暖，讓每一位離去的靈魂，都能夠在尊嚴中安然走向另一條光明的道路。

本書延續生命教育的思考，與讀者一同深入探討生死的真諦，並提供臨終關懷的深度理解與實務參考，希望能啟發每一位讀者在日常

生活中,也能夠更真誠地面對生死的課題,讓這段旅程更加圓滿和充實。

我們不僅是討論死亡,
更是在探索如何讓生命的每一刻都能夠充滿價值。

準提法觀想字
(音:La)

阿彌陀佛 種子字 觀世音菩薩
(音:赫利)

行三好　淨三業

準提手印
唵，折隸，主隸，準提娑哈

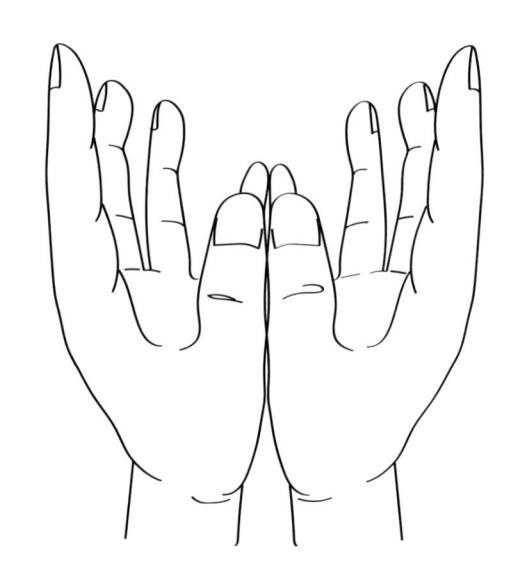

觀世音菩薩手印
唵嘛呢唄嚩吽

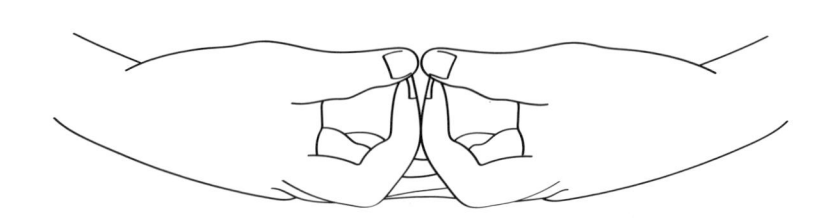

阿彌陀佛手印
唵，阿彌德瓦，舍

Chapter 3

校務翻轉：
從三好生命教育實踐

三好生命教育不僅是知識的灌輸，更是心靈的溫潤滋養。

如果將三好推廣到各個校園，讓每一位孩子都種下善的種子，那麼我們就能創造一個更溫暖、更和諧的社會。

行三好　淨三業

3-1

三好校園，從心創建和諧社會

教育，不僅是知識的傳授，更是對心靈的細心栽培。

在這個快速變遷的時代，人心容易浮躁，但「三好」精神能讓我們找到內心的平靜。

Chapter 3

　　AI 時代的來臨，帶來了前所未有的變革，它不僅讓下一代在無盡的資訊中迷失了方向，也讓我們每一個人開始思考，該如何應對這場數位浪潮？

　　學校，作為一個社會的縮影，正面臨著產業轉型與永續發展的迫切需求，這樣的變遷讓我們的心容易感到浮躁與不安。在這樣的背景下，生命教育、環境永續與智慧創新成為關鍵的課題。透過實踐三好校園，我們不僅能幫助學生建立正確的價值觀，還能培養他們成為具有品德與智慧的未來領袖。

　　教育不僅是為了提升個人素質，更是為了創造一個更加和諧、更加美好的世界，讓我們每一個人都能在這個快速變動的時代中，找到自己的立足點，並為未來社會注入更多的正能量。

　　「師者，所以傳道、授業、解惑也。」這句千古名言，似乎是一顆智慧的寶石，閃爍著對教育的無限敬意，提醒著每一位教育工作者肩上的神聖使命：不僅是傳授知識，更要教化學生，塑造他們的品德與智慧，幫助他們解決生命中的困惑。

　　然而，隨著時光的流逝，我卻在心中不禁默問：「這樣的理想，是否依然存在於當今的課堂裡？」

　　當我看到學生的眼神少了那份對知識的渴望，失去了對師長的尊敬，不免感到心痛。這種疏離感，不單單是教育問題，更是整個社會變遷的縮影。

　　在這個資訊爆炸、價值觀多元的時代，我們的孩子似乎迷失了方

向。他們對知識的渴望,被即時回應的電子世界所替代,對真實情感的交流,也被冷冰冰螢幕取而代之,究竟是什麼將他們引向這條失落的道路?

手機,成了當代鴉片?

2017年寒假,我有幸受邀前往印度理工大學坎普爾校區,參加一場以「高等教育的人性價值」(Human Value in Higher Education)為主題的國際論壇。

在那裡,我與來自世界各地的學者一同探討教育的未來。與會的每一位學者,都帶著對教育的深刻洞察,分享著自己對治校與教學的理解。

儘管來自不同國家,擁有不同文化背景,我們卻在教育的核心目標上達成了一致共識——教育的目的,不再僅僅是培養學識,而是要培養具有良好品德,能夠在社會中發揮作用的全方位人才。

「過去,我們過於強調學業成績的重要性,」一位來自北歐的學者分享道,「如今,我們卻發現,那些能夠在困難面前保持冷靜、懂得與人合作、善於應對變化的人,往往比僅關注考試分數的人,走得更遠⋯⋯。」

我深表贊同，也在心中默默回想自己這些年來的觀察。有些學業成績卓越的學生，未必能夠在社會中有所作為。反之，那些懂得合作、樂於助人、敢於挑戰自我的學生，往往在職場和生活中表現更傑出。

隨著科技的發展，我們也面臨著一個新的挑戰──擁抱虛擬，卻背離了現實。智慧型手機、社交媒體和虛擬世界的興起，極大改變了人際互動的方式。它們一方面為生活帶來了無限的便利，另一方面卻也在不知不覺中，拉開了現實生活中人際關係的距離。

記得有位美國學者在論壇上語帶憂心地提到：「現代人沉迷於虛擬世界，越來越多的親情與友誼都在慢慢消失。我們時常看到，一家人圍坐在餐桌旁，卻各自低頭看著自己的手機，毫無交流。這是一種多麼可悲的現象啊。」他的話語，讓我深感觸動……。

我曾無數次在咖啡廳、餐廳、大眾運輸工具裡，目睹過這樣的場景：情侶約會時，目光始終聚焦在手機螢幕上，疏遠了彼此之間的眼神交流；朋友聚會時，話題不再是對方的近況或生活點滴，而是網路上的奇聞異事。

科技，本應讓生活更加多姿多采，卻反而成為我們與他人、與世界真實連接的絆腳石。

「這不就是當代的鴉片嗎？」那位學者感嘆道，「大家都清楚這是個問題，但要真正解決它，有待大家一起思維。」

科技為生活帶來無限的便利，
另一方面卻拉開了現實生活中人際關係的距離。

三好精神，重建人我連結

後來，我有幸踏入佛光山佛陀紀念館的莊嚴殿堂，參加了「三好校園共識營」。這次活動讓我獲得了許多新的啟發，心靈也隨之澄澈，每一所學校的分享，都像是一盞明燈，照亮了我對教育的理解。

我坐在會場中，看到學生們發自內心的善良，感受到師生之間的溫馨互動，更看到學校如何將三好融入日常生活中。

從小小善舉到大型活動，無不透露出師生們對三好精神的深刻理解與熱情投入，他們用行動證明，教育不僅是知識的灌輸，更是心靈的滋養。

會議結束後，我與同仁們站在佛光山莊嚴的菩提樹下，回味著剛剛的分享。

星雲大師曾說：「行『三好』，人家才會接受你。人家接受我們，我們才有辦法與團體融合再一起；如果人家不接受我們，我們空有一身本領也沒有用。」當學生們將「三好」精神內化於心，他們就能在紛擾社會中保持內心的平靜，並散發出正能量。

「如果將三好精神推廣到各個校園，讓每一位孩子都種下善的種子，不僅能夠改善當前的校園問題，讓年輕人面對未來的挑戰時，擁

有更強大的內心，還能創造一個更溫暖、更和諧的社會。」我誠摯地與在場同仁分享。

教育，不僅是知識的傳授，更是對心靈的細心栽培。在這個快速變遷、人心浮躁的時代，三好能讓我們找到內心的平靜。當學生們學會了做好事、說好話、存好心，他們不僅能更好地與自己和他人相處，也能更從容地面對生活中的挑戰。

> 在這個快速變遷、人心浮躁的時代，
> 三好能讓我們找到內心的平靜。

落實三好，在校園中全面實踐

南華大學為星雲大師發起「百萬人興學」於 1996 年所創設的學府，自創校以來，秉持大師「懷具百年樹人之志、回饋十方感恩之心」之開示，以「生命關懷、公益公義、國際知名的教學卓越大學」為學校自我定位。

我始終堅信，這所大學必然充分體現其獨特的宗教背景與精神價值，誠如大師提倡的三好精神，正是這種價值的核心。

於是，我們將三好深植於辦學理念，並將其與「正念靜坐」結合，推動「三好生命教育」，使教育的內涵更豐富、更與時俱進。

為了讓此一精神得以在校園中全面實踐，設立了「三好校園推動

委員會」，由我親自主持，並制定了「三好校園實施辦法」及「三好護照認證制度」，讓這些理念成為日常生活中的具體行動——「做好事」能夠改變一個人的命運；「說好話」能促進團隊的和諧；「存好心」則能改變一個人的態度與處世之道。

校園內的每一個角落都蘊藏著生命力，我們豎立了「三好旗」和「三好燈」，這些意象隨時提醒著學生們反思自己的言行。我們還推出了「三好歌」，讓學生透過音樂陶冶性情，在潛移默化中獲得善念的滋養。

多年來，「三好運動」不僅改變了學生的態度，也深刻影響了我們的教學理念與人生觀。當我們用無私的心投入教育時，學生自然會感受到這份善意，並且更加積極、善良、正向。

我始終堅信，只要我們心存善念，這個世界就會變得更加美好。而「三好」，正是這份善念的具體化，它是心靈淨化的起點，也是教育的美好目標。

**三好是善念的具體化，
它是心靈淨化的起點，也是教育的美好目標。**

行三好，淨三業，擁抱生命教育

佛教教義中，談到造業的根源，無不從身、口、意三業來說起。

三業如同三根支柱，支撐著我們的生命之道。而修行的過程，亦是從這三業開始，一點一滴地修煉、轉化，最終走向圓滿與自在。

若想淨化三業，就需從心念、語言、行為開始，心懷善念，口出美言，以身行善，方能引領自己走上光明的道路。

在當今這個時代，社會風氣日益敗壞，道德淪喪的情況屢見不鮮。校園霸凌、幫派鬥爭、毒品泛濫等問題層出不窮，曾經純真的青春也因此迷失方向。這一切，彷彿是一記沉重的警鐘，提醒著有識之士，生命教育的貫徹實施愈加迫切。唯有通過深刻的教育，才能將迷失的心靈帶回正道，重拾生命的光輝。

當我接任南華大學校長之時，深深感受到時代的呼喚，便毅然決然地推動了三好運動，並開始設立多元化的生命教育課程。

生命教育的理念，如同一盞明燈，照亮了學生們的心靈。我們開設了生命教育課程與關懷講座、體驗式研習營等豐富的活動，在教育部的支持下成立「生命教育中心」，並且專門培訓了「生命教育中心講師」，力求讓這份生命的智慧，在更多的角落生根發芽。

我們深信，教育是一種最為強大的力量，它能夠撫慰人心，能夠讓一顆顆徬徨無助的心靈，重新感受到生命的意義與價值，而「做好事、說好話、存好心」這三句簡單的話語，便是這份力量的源泉。

我們希望通過這些實踐，將「三好」的種子撒播於每一位學子的心田，讓他們在未來的道路上，能夠用自己微弱卻堅定的光，照亮他人、照亮這個世界。

行三好　淨三業

　　三好運動不僅是一種行為上的指導,它更是一種心靈的覺醒。每一次的善行,都是對內心最真誠的回應;每一句的好話,都是對他人深深的關懷;每一個善念,都是對這個世界最溫柔的禮讚。在這條修行的路上,人人皆可成為光的使者,用愛與善良編織出一幅美麗的生命畫卷。而這一切,才剛剛開始。

**淨化三業,
就需從心念、語言、行為開始,
心懷善念,口出美言,以身行善,
方能引領自己走上光明的道路。**

Chapter 3

3-2

捨棄浮躁，
落實三好生命教育

生命教育不只是口號，它必須走入每個人的內心，透過「人與自己」、「人與他人」、「人與環境」的核心關係，讓生命教育變得具體且可實踐。

Chapter 3

「生命教育，是一個令人深思的課題。」在一次校務會議上，我不禁感慨地說道。

南華大學的生命教育，不僅是這所學校的品牌，更是臺灣最具代表性的文化精神。生命教育的主軸，關乎生命的本質、意義與價值。因此，我全力推動這項使命，將生命教育視為學校的核心價值之一。

生命教育核心，與自己、他人和環境對話

生命教育，並非一個虛無飄渺的口號，它應該深入每一個人的內心，與個體的生命經歷產生連結。

此一精神源於 1979 年的澳洲，並在全球各地逐步發展開來。然而在過去，對於生命教育的推動，經過調查發現可能多數流於理論化，抽象概念讓人難以理解，比較不能激發學生的興趣，甚至讓它變得遙不可及。

我曾經深思這個問題，並意識到，如果我們依然堅持將生命教育侷限於理論與抽象的討論，它的真正價值將無法觸動學生的心靈。因此，我們將生命教育的核心，濃縮為三個具體關係──「人與自己」、「人與他人」、「人與環境」，使其變得更為具體和可實踐。

我們不僅授與學生知識，同時引導他們與自己對話，學習尊重他人，與自然環境和諧共處。

當今的世界，變遷快速，挑戰重重。地球暖化、環境污染、人工智慧的快速發展、人口老化等問題，都帶來了極大的生存壓力。

年輕人面臨著前所未有的挑戰，無論是心理還是生理層面，壓力都日益加劇。如果這些問題無法得到有效的解決，很多人便會選擇逃避現實，沉迷於虛擬世界，以填補內心的空虛。

然而，這種逃避並不能解決根本問題，反而會加劇心理健康的危機，導致憂鬱症的蔓延，甚至提高自殺率。每每想到這些，深感推動生命教育的責任愈發重大。

> **我們不僅授與學生知識，
> 同時引導他們與自己對話，
> 學習尊重他人，
> 與自然環境和諧共處。**

搶救行動，落實生命教育課程

因此，時任南華大學校長的我，積極推廣具體的行動，幫助學生應對壓力與挑戰，學習關照自己的內心，正念靜坐便是其中一個重要的方式。

這項活動幫助學生學會靜心，讓他們能夠平衡自己的情緒，找回內心的平靜與力量。透過生命教育課程，我們不僅引導學生理解「人與自己」、「人與他人」、「人與環境」的關係，更讓他們學會在日常生活中實踐這些理念。

我們還鼓勵學生參與社會服務與環保活動，這不僅能讓他們與他人建立深刻的情感聯繫，也能讓他們與環境建立起責任感。

當學生在保護環境、關懷他人的過程中，深刻體會到生命的尊貴與珍貴，他們對自己、對社會、對世界的看法都將發生根本的變化。

在這個浮躁的年代，我們需要的，不是短暫的快樂和虛無的成就，而是長久的心靈平靜和內在豐盈。我深信，通過生命教育的推動，透過「三好運動」的實踐，學生能夠找到屬於自己的方向，並且在面對未來挑戰時，擁有足夠的內在力量，去創造一個更加和諧與美好的世界。

從每一位學子的改變開始，我們的校園、我們的社會，將逐步捨棄浮躁，邁向真正的沉穩與平和。

> 在這個浮躁的年代，
> 我們需要的，
> 不是短暫的快樂和虛無的成就，
> 而是長久的心靈平靜和內在豐盈。

生命教育，是一種生活態度

生命教育不應侷限為教科書上的理論，它應深化為大家的一種生活態度。在南華大學，我們積極推動生命教育，讓每位學生都能在實

踐中體驗到生命的價值。

想起一句愛因斯坦的名言：「如果一個科學家相信世界是邪惡的，他就會去發明傷害人的邪惡東西；反之，如果他相信世界是善良的，就會創造美好的事物。」

這句話讓我深刻感受到，所有的一切，都是由「心念」決定的。

我們的心態，我們的信念，能夠塑造我們的行為，進而影響我們所處的世界。正如愛因斯坦所說，世界的善與惡，源自於每個人內心的選擇。

這讓我聯想到科學上的一個奇妙現象——量子糾纏。科學家們發現，兩個粒子即便相隔很遠，仍然能夠同步感受到彼此的狀態。這不僅僅是物理上的奇蹟，也讓我深思，心念與行動，正如同量子糾纏的粒子一般，能夠無遠弗屆地相互影響，產生共鳴。

當我們的內心充滿善念，這股正向的能量就會向外傳遞，無聲無息地改變我們周圍的環境，甚至影響他人的生命。

**心念和行動如同量子糾纏的粒子般，
能夠同頻共振，
甚至產生無遠弗屆的影響力。**

Chapter 3

> **以生命力帶動生命力，打造全方位生命教育**

因為深信「意念」的力量，我們持續推動著「三好運動」，希望通過積極正向的心念，帶動更多人的改變。

這樣的理念，如同量子糾纏的效應一般，在每一個人之間產生正向的共鳴與影響。當每位學生心中充滿「做好事、說好話、存好心」的善念時，這些善念便會產生一股無形的力量，影響周圍的人，創造出一個充滿正能量的校園與社會。

在校園中，我們不僅在理論上講述這些概念，更將其融入實際的課程與活動中，讓學生在真實的生活中體驗到生命的價值與力量，因此開設了「成年禮」，讓學生在步入成人世界之前，通過一系列的儀式與反思，建立對生命、對他人、對社會的深刻認識；「生命探索營」則幫助學生在面對自我探索與人生選擇的過程中，找到內心的方向；

傳遞 三好的愛心

行三好　淨三業

「典範生命講座」邀請成功人士與學者分享他們的人生經歷與智慧，激勵學生勇敢追尋自己的夢想；而「青年圓夢計畫」則提供學生實踐夢想的舞臺，讓他們能夠將所學知識與理想付諸行動，創造屬於自己的精彩人生。

**當每位學生心中充滿
「做好事、說好話、存好心」的善念時，
這些善念便會產生一股無形的力量，
影響周圍的人，
創造出一個充滿正能量的校園與社會。**

◎正念靜坐，深耕身心靈平衡

　　機緣巧合之下，我曾應邀至美國瑪赫西管理大學參觀，該大學施行靜坐有著正面的效果，加上個人多年來的禪坐經驗，認為正念靜坐可以在南華大學推動。於是經過內部溝通，獲得了同仁的呼應，對102學年度入學新生開始試辦。

　　正念靜坐不僅是一種冥想方式，更是培養學生內心平靜與自我覺察的重要工具。透過靜坐練習，學生能夠放下浮躁的心情，學會專注當下，讓身心達到和諧，從而提升情緒管理與壓力調適的能力。

　　經過一段時間觀察，發現學生的自覺、同理心均有明顯增加，並且減少了情緒困擾情形。由於績效顯著，特由試辦改為正式必修課程，

成為臺灣第一所推動正念靜坐課程的大學。

每年，我們至少開設 25 門相關的課程，吸引超過 1,000 名學生修習。透過這些課程，引導學生深入體驗正念靜坐的世界，結果顯示，即使每週只靜坐半小時，學生的情緒困擾竟然減少了六成，而注意力集中度提升了九成。

這些成果不僅肯定了我們的努力，更是生命教育深入人心的最佳證明。

三好生命教育不僅是知識的傳遞，更是一場心靈的覺醒。我們衷心期盼，每位學生都能夠從這場教育中找到自己的生命潛在力量，學會如何與自己、他人及環境和諧相處，並以善念與行動創造美好的未來。

我堅信，這不僅是一份教育使命，更是對於這個世界的美好承諾。

> 三好生命教育不僅是知識的傳遞，
> 更是一場心靈的覺醒；
> 這不僅是一份教育使命，
> 更是對於這個世界的美好承諾。

◎成年禮，見證生命成長蛻變

成年禮也是大一生必修的課程之一，旨在培養學生的感恩心態與勇於承擔的責任。

行三好　淨三業

　　每年，參與的學生及家長人數超過 2,000 人，這不僅是一個儀式，更是一個傳承重要社會意義的時刻。在師長的見證與祝福下，學生正式邁入人生的新里程，也是學習如何承擔人生的責任與使命的起點。

　　透過奉茶儀式等傳統禮儀，學生能夠真切地感恩父母的辛勞與師長的教誨。從家長為子女披上象徵純潔與成長的白色絲巾，到師長為學生披上象徵飛黃騰達的黃巾，凡此都在強調生命教育的重要性。

　　每年我們也與嘉義市政府共同舉辦成年禮，由市長親自主持，學生與家長參與人數超過 200 人。這樣莊嚴的儀式不僅讓學生體認到父母的辛苦與師長的恩澤，也促使他們學會感恩、承擔與負責。通過單腳高跪的奉茶禮、親子擁抱和對話，學生與父母之間的關係更趨緊密。

　　這些古老的儀式，不僅是自我負責的見證，更是對生命教育深意的體現。

奉茶儀式強調生命教育的重要性，
學生亦能夠真切地體會父母的辛勞與師長的教誨。

　　多年來，生命教育一直是我們在南華大學推動的重要使命之一。

　　我們為此成立了專門的推動小組，不僅把生命教育融入課程，更將其設計進學校的中長程發展計畫中。

　　服務學習也是其中重要的部分，通過各種實踐活動，如心靈彩繪、淨灘、淨地等，學生能夠真正感受到自己對社會、對環境的影響。

Chapter 3

　這些活動不僅促進學生關心他人與社會，更讓他們從中發現生命的價值與意義。

　生命教育猶如一顆種子，播撒在這片沃土之上，悉心培育著學生的身心靈，讓他們在三好的指引下，成為一個個充滿感恩與責任心的時代青年。

**生命教育猶如一顆種子，
播撒在這片沃土之上，
悉心培育著學生的身心靈。**

行三好　淨三業

3-3

三好運動，改變世界的力量

「三好運動」成為一種行動指引，讓每一次的行為、每一個微笑、每一句話語，都在無形中映照出生命的光輝。

在三好校園中，我們提倡——做好事、說好話、存好心，已不再是一句口號，而是深深根植於校園每一位師生的日常生活中。

「三好運動」成為一種行動指引，讓每一次的善行、每一個微笑、每一句充滿善意的話語，都在無形中映照出生命的光輝，溫暖每一顆心靈。

這不僅是學術知識的傳授，更是對學生心靈、品德與社會責任感的全面培養，它像是一股微風，輕輕地拂過每個人的心田，潛移默化的改變，在悄然中進行著。

三好精神，師生共行

教師們以身作則，引領學生在日常生活中實踐並體會「三好」的深意。在這樣的過程中，師生之間的關係不僅變得更加和諧，還孕育出一種相扶相持的氛圍，猶如同根生的枝葉，彼此互動、共生共長。

推行三好的過程，教師們以身作則，像一盞盞點亮的燭火，悄無聲息地引領學生走向正道。

教師的每一次行動、每一句言語、每一個想法，無形中成為學生學習的榜樣，激勵他們更加精進、提升自己。學生們則在無數日常，透過實踐去體會「三好」的深意，將這份精神內化於心，外化於行。在這樣的氛圍中，師生之間的關係不僅變得更加和諧，也孕育出了一種共同成長的力量。

在這片沃土上，師生共同滋養著三好精神，像枝葉般互動、共生

共長，凝聚成一股強大的生命力。這股力量，不僅僅改變著個體的品德，還在無形中改變著整個校園的氛圍，讓南華大學成為一個充滿愛與關懷的學習環境。

我們也廣化、深化三好精神這份力量，成立了「嘉言義行心校園」跨校聯盟，這一平臺如同一座橋樑，將雲嘉南地區的 61 所學校緊密連結起來，讓每一所學校都成為推動三好運動的一顆星。

> 在這片沃土上，
> 師生共同滋養著三好精神，
> 像枝葉般互動、共生共長，
> 凝聚成一股強大的生命力。

在這個聯盟中，學校之間的合作與交流不侷限於知識的分享，更是一場心靈的共鳴。每一所學校的老師和學生，透過彼此的互動與合作，汲取智慧，增長力量。

這樣的聯盟，猶如生命的聯結，讓三好精神在更大的範圍綻放光芒。每一位老師和學生都在這場運動中，找到了自己的使命，將這份正向的力量傳遞至每一個角落，催化出社會的和諧與善念。

我們所期待的，正是這股力量能夠在時間的長河中不斷發酵，讓「三好」的精神在每一位學生的心中扎根，並隨著他們的成長，逐漸在整個社會中開花結果。當學生們真正理解並實踐這些信念時，他們

將如朝霞的陽光，照亮世界的每一個角落。

「三好」精神不僅是一種教育理念，更是一種生活態度，是我們對生命的深刻尊重與敬畏。

我們深信，當這份理念落實在每位學生的行動中，它便不再僅僅是一個抽象的理想，而是一股改變世界的力量。

> **當三好落實在每位學生的行動中，**
> **它便不再僅僅是一個抽象的理想，**
> **而是成為改變世界的力量。**

三好日常，證實三好運動成效

生命涵養課程如同靜水深流，滋潤著學生的心靈。

我們調整了服務教育與生命教育的課程架構，並通過成年禮活動，讓學生在這個儀式中學會感恩與敬意，向父母表達內心的謝意。

在這片充滿愛與感動的土地上，我們以「正念靜坐」課程作為根基，幫助學生在繁忙的學習中找到一片寧靜的空間，舒緩身心壓力，提升內在的療癒力。

每一次的靜坐，都是一次與心靈的對話，讓自己阻絕於外界的喧囂，保持內心的平靜。

此外，我們透過藝術的力量，讓學生在「融入生命教育的彩繪活

行三好　淨三業

動」中，釋放內心的情感與思想。每一幅畫作，都是心靈的表達，是生命的流動。這樣的活動，不僅讓學生感受創作的樂趣，更在無形中加深了對生命的理解與尊重。

校園內，我們還設立了「璀璨生命故事館」，這裡的一個個生命故事，彷彿是一盞盞明燈，照亮了學生內心的角落，激發出他們深藏的生命力。此外，「數位生命教育磨課師」，則讓學生隨時隨地都能深入學習，體會生命教育的價值與智慧。

> **每一次的靜坐，
> 都是一次與心靈的對話，
> 讓自己阻絕於外界的喧囂，
> 保持內心的平靜。**

在這片大地上，三好精神的意象無處不在。每一面「三好旗」，每一盞「三好燈」，都是對學生的提醒，讓他們不斷回望自己的言行，隨時保持一顆清澈的心。透過電子看板，學生們能夠展示自己的三好行為，並反思每日的所作所為。

「好雨知時節，當春乃發生。隨風潛入夜，潤物細無聲。」這一切如同細雨滋潤大地，悄無聲息地改變著每一個人，將三好精神內化為生命態度。

星雲大師為此創作的「三好歌」，隨著樂音將這份精神烙印於學

子們心中,而成為永遠的圭臬。

人間最美是三好,
做好事、說好話、存好心,
平安就是我們的人間寶,
人間最美好是三好,
做好事,舉手之勞功德妙;
說好話,慈悲愛語如冬陽;
存好心,誠意善緣好運到;
三業清淨真正好。
實踐三好最重要。

——〈三好歌〉作詞:星雲大師 作曲:黎升銘

每逢節日的到來,我們讓三好精神隨著活動散發光芒。母親節、教師節等重要日子,引導學生書寫感恩卡,舉辦蔬食環保、淨掃等活動,讓三好不僅存在於教室,還傳播到生活的每一個角落。

這些活動,不僅讓學生學會感恩,更讓他們在實踐中體會到生命的珍貴與尊重。

同時，透過精心設計的問卷，我們洞察到學生的明顯變化：「自我效能」提升 58%，「自我價值感」增強 55%，「同理心」增長 42%，「情緒困擾」則減少 44%，教師的生命力也因這些實踐而獲得滋養，整體提升達到 55%。這些數據猶如清晨的第一縷陽光，讓我們的努力成果更顯耀眼，證實了三好運動的成效。

　　這份不懈的推動和努力，帶領南華大學獲得「教育部生命教育特色大學」的殊榮，全體夥伴也同感欣慰。基於這些辦學成績，教育部決定將國家級的「生命教育中心」設立於南華大學，這不僅是對我們過去努力的認同與肯定，更是對未來的一份期許。

　　感恩參與三好生命教育的每一位，共同參與這場關於生命的盛會，讓這份愛與光，繼續在每個角落傳遞，照亮每一顆心靈。

**生命涵養課程如同靜水深流，
滋潤著學生的心靈。**

Chapter 3

3-4

心懷感恩，
所遇皆良善

　　記錄生活是一種修行，讓人學會觀照內心，也幫助人梳理世界的紛繁。對我們而言，書寫不僅是表達，更是覺察，是對生命之河的溫柔凝視。

「你知道嗎？感恩的心，其實是可以教出來的！」這句話深深地觸動了我。

感恩不僅是內心的美德，它還能夠成為品德教育的基石。

我一直致力於在校園中傳遞感恩精神，讓每一位學生在成長過程中，學會感恩，並將其轉化為日常生活中的行為態度。

我深知，要讓這種精神深入學生心中，不僅需要有耐心和智慧，更要瞭解學生的需求，關注他們的內心世界。

三好校園，遍地開花

為了將感恩的心態帶入課堂，我們採用了多種生動活潑的教學方法，讓學生能夠積極參與和互動。

課堂上，教師們盡力將課程內容與學生的生活經驗連接，並通過分享自己的人生故事，激發他們的情感共鳴。

作為一名教師，最重要的並不僅僅是知識的傳授，而是能夠以身作則，成為學生心中真正的榜樣。

當我們在課堂上真誠地表達自己的感恩時，學生們也能夠感受到這份情感，從而學會感恩與尊重他人。

一般而言，刻板的理論傳授可能無法直接觸動學生的內心，真正的改變需要具體的行動。因此，我們在校園中積極推動「三好運動」，讓「做好事、說好話、存好心」成為日常生活的一部分。

三好旗、三好歌、三好燈的設置是境教的一環，時時提醒著每一

位師生反思自己。

　　這些活動和設施的存在，無時無刻不在提醒我們，無論是與他人交往還是自我修養，都應該秉持善良、真誠和尊重的態度。這不僅是學校的理念，也是我們共同的承諾，讓這些精神深植每一位師生的心中，成為我們成長過程中的指引。

　　在教育部的政策支持、方針引導下，生命教育的理念已經在全國各級學校中生根發展。每年年底都會舉行「教育部生命教育特色學校、績優人員及微電影競賽頒獎典禮」，來自各校的報告與成果展示令人深受感動，凝聚無數師生心血與汗水的努力，讓生命教育的理念在校園中逐漸發芽、開花。

　　值得一提的是，我曾看到了一條來自對岸某中學的消息，該校也在積極推動生命教育，並邀請專家激勵學生，講解孝順父母與尊敬師長的重要性。許多家長與學生為此而動容，眼中含淚。

　　這樣的場景讓我想起南華大學初期推動生命教育的歷程，也讓我更堅信這樣的理念，不僅可以在一所學校中發揚光大，更可以跨越國界，成為全球教育共同追求的目標。

> 在校園中積極推動「三好運動」，
> 讓「做好事、說好話、存好心」
> 成為日常生活的一部分。

生命教育，傳遞善念火炬

我們不僅在課堂致力生命教育的教化，更積極傳播到每一個角落，融入師生的日常生活，首創「生命教育教師營」、「生命教育學生營」，透過實際案例分享與互動工作坊，促進教師跨校、跨領域交流，提升了教師在生命教育領域的專業知能與創新實踐能力。

透過三好的具體設施與行動，希望每一位師生時刻反思自己是否在實踐善行、正念與尊重。這不僅是一種外在的提醒，更是內在的覺察，讓學生能夠發自內心地去實踐這些內容的精神所在，進而培養出真正的品德。

我深信，感恩與生命教育有著密不可分的關係。當我們心懷感恩時，不僅會更加珍惜自己所擁有的一切，也懂得如何尊重他人、如何對社會與自然負責。

正是這樣的價值觀，才會成為我們教育的核心，並且在每一位學生心中生根發芽。我期待未來，南華大學能夠繼續發揮其在生命教育領域的影響力、領導力，將感恩與三好精神進一步傳遞，讓更多的人在這片沃土中茁壯成長，成為有擔當、有智慧、有愛心的未來領袖。

有鑑於推動成效，2015 年國家級

「教育部生命教育中心」正式於南華大學揭牌成立，2022年帶領籌建全臺首座「臺灣生命教育意象館」，該館以多媒體展覽和互動體驗方式，向公眾展示生命教育的內涵與實踐成果，形成一個跨時空、跨領域的教育共享平臺，達成數位與實體融合的生命教育實踐，將南華視為推動、普及生命教育的典範特色大學。

關於「臺灣生命教育意象館」，主題展區與規劃內容為：

◎**生命光澤展區**：以「生命的孕育與誕生」為設計理念。

◎**成長蛻變展區**：以「蝴蝶的蛻變」為設計理念。

◎**璀璨三好展區**：以「做好事、說好話、存好心」為設計理念。

◎**正念靜坐展區**：以「正念願景」為設計理念。

◎**自然療癒展區**：以「藝術」、「芳香」與「音樂」啟發感官體驗為設計理念。

◎**死亡尊嚴展區**：以虛擬實境體驗「臨終及死亡」反思生命意義為設計理念。

同時，因應AI與智慧校園技術的應用，南華大學建立了一套整合數位資源的生命教育評價與監測系統，能夠從認知、情感、意志與行動四個維度，動態評估學生的成長軌跡與生命體驗，進一步實現個性化教育。

通過這些具體的努力，生命教育將在更多學校傳遞信念的火炬，最終成為我們教育體系中不可或缺的一部分。

因長期致力於推動生命教育，曾先後獲頒教育部「生命教育特殊貢獻人員獎」及「生命教育終身奉獻人員獎」，這不僅是對團隊、對個人努力的肯定，更為全國各級學校樹立了推動生命教育的參考方向。

然而，推動的腳步從未放緩，我們也積極推動生命教育不僅侷限於校內課程或活動的推廣，而是延伸到社區、全國乃至國際層面，帶領團隊赴海外宣講生命教育理念，並與國際教育機構及企業合作，探索以永續發展為核心的教育新模式。

在社區與家庭共融面向，以「全人關懷」為理念，致力於推動家庭學校社會協同育人，建立多方參與的協作平臺，讓生命教育成果惠及每一個家庭與社區，進一步促進社會和諧與永續發展。

**感恩與生命教育密不可分，
當我們心懷感恩時，
不僅會更加珍惜自己所擁有的，
也懂得如何尊重他人、如何對社會與自然負責。**

感恩日記，與自己的對話

在生命教育的推行中，感恩是核心要素之一。

透過具體的練習和方法，學生們可以培養出持久的感恩心態，而這對他們的人格發展有著深遠影響。

行三好　淨三業

感恩日記　與自己對話

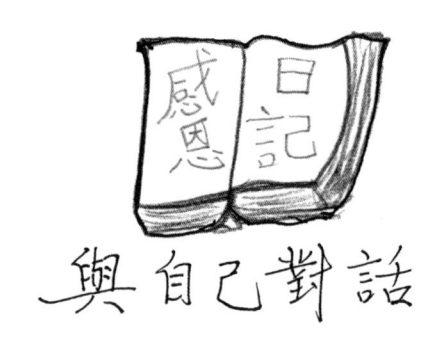

　　首先，鼓勵學生每天書寫「感恩日記」。這是一個簡單卻極具力量的練習，學生可以記錄下生活中的點滴，無論是食物、衣物、住所或日常小事。這份紀錄不僅可以清楚地意識到生活中的恩惠，也能促進人格的正向發展。

　　星雲大師曾說，日記是他與自己對話的方式。從少年時期開始，他就將所見所聞、感悟經歷，細細記錄於紙筆間。大師的記憶力驚人，甚至可以清晰回憶接觸過的人員、他們的出生地、專長以及對話內容。這種敏銳與精準，源於他對寫作的堅持與熱愛。

　　記錄生活是一種修行，讓人學會觀照內心，也幫助梳理世界的紛繁。日記不僅練習了文筆，更在無形中訓練記憶與思維。對我們而言，書寫不僅是表達，更是覺察，是對生命之河的溫柔凝視。

　　此外，「感恩護照」這個概念也很有意思。2004年，國內的感恩

基金會推出了「感恩 125」的練習口號,這讓我深感啟發。

我們可以在每天早晚兩次,按照以下五個步驟進行感恩練習:

第一步:回想讓你心懷感恩的人、事、物。

第二步:具體描述你感恩的內容。

第三步:閉上眼睛,深呼吸,將注意力集中在心口。

第四步:讓身體放鬆,感受那股美好的感覺流遍全身。

第五步:將具體內容、感悟及未來的回饋行動寫下。

這個練習若能持續數週,就能養成寫感恩日記的習慣,讓正面的思考模式成為生活的一部分,也是一帖遠離焦慮與憂鬱的良藥。

對於那些無法每天進行的學生,我們也建議他們可以寫「感恩週記」。即便一週寫一次,也能幫助他們反省與練習,將自己感恩的人、事、物記錄下來,並反思其對自己心靈的影響。這樣的練習,無疑對培養正面思考的能力,有著極大的幫助。

生命教育的範疇非常廣泛,但我們認為,培養學生的感恩心,應該是其中的首要目標。

有了感恩之心,學生會更加尊重自己的人生;有了感恩之心,人際關係也會更加和諧;有了感恩之心,社會與自然環境也會因此更加祥和。期許我們每個人都能隨時隨地培養這份感恩的心,讓這個世界變得更加美好。

> **書寫不僅是表達，
> 更是覺察，
> 是對生命之河的溫柔凝視。**

生命教育，強調全人均衡發展

這些年來，我們致力於培育學生的感恩情境，透過各種措施推動此一理念。

成年禮系列活動，尤其讓我印象深刻，這不僅是一種儀式，更重要的是透過口語分享和教導，激發學生內心的感恩情懷。

這些感恩的情懷，有如量子糾纏一般，與家人、朋友乃至於周遭的人們緊密相連，形成一種無形但深刻的正向聯繫。

每年看到學生們擁抱雙親，表達感謝之情，總讓我感動不已。記得有一次，來自日本的一對父母提到女兒過去很少主動寒暄，而在典禮上，女兒卻勇敢表達了對父母栽培的感激，並對以往的行為表示懺悔，擁抱雙親，那一刻令雙親感動得痛哭流涕。他們在會後對學校的用心，表示了衷心的感謝。

生命教育的核心，是強調全人均衡發展，幫助學生深入理解生命的奧秘，探索人生的真諦。它教導我們如何面對自己，尊重每個人的獨特性；如何關懷他人，建立健康、和諧的人際關係；同時，也教我們如何敬天愛地，與大自然和諧共存。

這樣的教育理念，不僅關注學生的心理和道德發展，還將其推向社會、環境，乃至生命的終極命題——生死教育。

生命教育讓我們明白，人生的意義並不僅限於物質的成功或知識的積累，它還涉及到如何平衡各種關係與自身的心靈需求，從而實現真正的成長和成熟。這樣的教育不僅促進學生的心理健康，還有助於社會的和諧與永續發展。

在眾多的面向中，羅伯·艾曼斯（Robert Emmons）的研究指出，感恩是一種正向的心理情緒，當感恩教育與生命教育相結合時，會讓學生對生命有更深刻的體悟和經驗。

感恩、惜福的價值能讓人的一生更加美好。感恩不僅是快樂的來源，也是可以通過學習培養的生活態度。而且，經常懷有感恩之心的人更容易感到喜樂，心中的負擔也會因此減輕，甚至能改變周圍的氛圍。

我相信，當感恩與生命教育的種子在每一位學生心中生根發芽，未來的社會將充滿愛與理解。我們所期待的，正是這樣一個以感恩為基礎、充滿溫暖與和諧的世界。

**生命教育的核心，
是強調全人均衡發展，
幫助學生深入理解生命的奧秘，
探索人生的真諦。**

3-5

智慧創新，
與 AI 同行

AI 的發展，無疑是一場智慧創新的革命，而這場革命的關鍵，正是在於我們如何與 AI 同行，並充分發揮它的潛力。

Chapter 3

　　自從 2022 年 11 月 ChatGPT 上市以來，不論東方或西方，人工智慧技術（Artificial Intelligence Technology，以下簡稱 AI）瞬間成為全球熱議的焦點。世人既興奮於這個革命性的發明，也因其潛在影響而感到恐懼。

　　許多人擔心這樣的技術會導致大規模失業，甚至有人預測未來八成的人將因此失去現有工作，世界可能因此而動盪不安。

當 AI 進入生活，是否成了雙刃劍？

　　隨著人工智慧逐漸滲透到日常生活，帶來的影響不侷限於工作和生產力的提升，還有背後潛在風險和問題。

　　當 AI 進入生活，這把雙刃劍的問題便顯而易見。例如，犯罪分子已經開始利用聊天機器人來進行詐騙行為。

　　如今，AI 技術已經能夠模仿人的聲音，甚至進行視訊通話時模仿他們的臉部表情。這使得傳統的安全防範措施變得難以應對，帶來了新的風險和挑戰。

　　更令人擔憂的是，ChatGPT 等技術被用來生成內容並向出版機構投稿，這使得某些出版機構面臨巨大

的審稿壓力，有些甚至被迫關閉。這一現象引發了作家和學術界的擔憂，許多教授和教師也開始擔心自己職業的未來。隨著 AI 的普及，一些大學甚至開始限制學生使用這項技術，甚至禁止學生在學術活動中使用 ChatGPT。

然而，教授們對此的態度有所不同。有些人持觀望態度，希望瞭解 AI 技術對教育和學術界的長期影響；另一些則主動擁抱這項變革，認為這是科技進步的必然結果，並認為我們應該學會與 AI 技術共處，利用它來提高教學和學習的效率。

> 隨著人工智慧逐漸滲透到日常生活，
> 帶來的影響不侷限於工作和生產力的提升，
> 還有背後潛在風險和問題。

勇敢擁抱變革，與 ChatGPT 逗陣行

面對這場數位革命，我選擇勇敢擁抱 ChatGPT。

無可否認，這項技術無論在學術研究、寫作、學習，甚至日常生活中，都帶來了便利。但同時，我也認識到，它並非完美。

許多學生已經開始使用這項技術來撰寫報告，但由於技術本身的侷限性，仍然會在內容的準確性和深度上出現錯誤或不足。ChatGPT 雖然能迅速解答一般問題，但當涉及到特殊領域、地方性問題或歷史

細節時，這項技術有時會給出錯誤的答案。舉例來說，在兩年前若問及南華大學或佛光山的歷史，ChatGPT 可能會出現不準確或偏差的回答，可是兩年後的現在已有很大的進展。

這正是當前 AI 技術面臨的挑戰之一：它能夠快速提供資訊和答案，但在處理需要深度理解和本地化知識的問題時，還無法與人類專家相媲美。

這也提醒我們，AI 雖然強大，但仍需要謹慎使用，並與人類智慧相輔相成。

我認為，與 ChatGPT 的合作，並不是要取代人類的智慧，而是將其視為一個工具（善用），幫助我們更高效地處理資訊和知識（助手），提升學生的自主學習能力（精準提問、篩選辨別），並激發出更多的創新與思考（師生共好）。

面對這項革命性技術，我們需要保持開放的心態，並學會利用它的優勢來提升學習和工作效率。同時，我們也應該警覺它的侷限性，並在使用過程中保持批判性思維。

未來，ChatGPT 等 AI 技術將在各個領域中發揮越來越重要的作用。我們需要不斷探索如何將這些技術應用於教育、科研、創新等領域，並確保它們為人類帶來更多的正向影響，而不是成為困擾我們社會的負擔。

AI 的發展，無疑是一場智慧創新的革命，而這場革命的關鍵，正是在於我們如何與科技同行，並充分發揮它的潛力。

> **面對這項革命性技術，**
> **我們需要保持開放的心態，**
> **並學會利用它的優勢來提升學習和工作效率。**

善加利用，讓 AI 成為人類的助手

曾經見過一位南華大學藝術與設計學院教授，向我展示聊天機器人生成的圖畫，結果令人驚豔。AI 軟體可以在數秒內，設計繪畫出你所需求與規範的圖案，既漂亮又創新。

他告訴我：「如果不努力，人類很多工作真的會被聊天機器人取代。」這樣的技術發展確實給人帶來了巨大壓力，但我也相信，只要善加利用，它可以成為我們強大的助手。

聊天機器人在美國的律師資格考試中表現優異，達到了 PR 值 88，這意味著它已經擊敗了 90% 的考生。在美國的 SAT 考試中，聊天機器人也取得了 1,300 分的好成績。

在美國高中的大學先修課程中，它更是囊括了滿分，特別是在生物、微積分、經濟學、心理學和歷史等科目上展現了驚人的能力。

此外，醫師們也開始使用聊天機器人來診斷病患，結果與專業醫師的判斷相吻合，精準度讓人驚嘆。

隨著高科技的突破性發展與普及化，讓人不禁思考，臺灣是否應該禁止這項技術？我認為，這是無法禁止的，反而應該鼓勵大家多瞭

解它的應用，學會駕馭它，將其變成我們的助手。

如果不努力，
人類很多工作真的會被聊天機器人取代。

AI 不是威脅，而是契機

隨著科技日新月異的發展，未來十年我們將見證科技進步超過了過去百年全人類努力的成就。

因此，不能視人工智慧為威脅，而應該將其視為一個變革的契機。我們必須提升自己的能力，學會將像聊天機器人這樣的工具融入日常生活和工作，而不是因為它的出現而感到恐懼或排斥。

傳統的教育模式，依賴死記硬背和填鴨式教學，已經無法滿足未來社會對人才的需求。未來的教育應該更加強調培養學生的問題解決能力、創造力以及批判性思維。AI 可以成為這一過程中的得力助手。

學生將能夠利用聊天機器人等 AI 工具迅速搜集資料，進行基本的研究和分析，而老師則要扮演引導者的角色，幫助學生學會如何高效且批判性地運用這些工具，從而提高學習的深度和品質。

然而，我也深知，過度依賴 AI 可能會帶來一些問題。

學生如果過於依賴聊天機器人來提供答案，可能會放棄自主學習，變得懶於思考和探索。AI 雖然能夠提供解答，但它無法取代學生

對問題的深入思考，和獨立解決問題的能力。

因此，學生必須學會如何正確地引用和註解資料，避免無意中陷入抄襲的陷阱。這不僅是一個學術誠信的問題，更是培養學生具備真正批判性思維和創造性思維的重要一環。

此外，隨著聊天機器人技術日益進步，我們也需要正視數據濫用和人際互動減少的問題。過度依賴 AI 可能導致人與人之間的交流減少，甚至可能影響人類的情感聯繫。AI 能夠提供資訊和工具，但它無法替代人與人之間的真誠互動與情感交流，這一點需要我們在教育和生活中始終保持警惕。

作為教育者，我們必須重新思考和設計教學目標，調整課程內容，使其更具挑戰性和針對性。AI 可以用來幫助設計學習資料，甚至初步撰寫報告或學習單，但最終的學習成果應該再加入學生的理解、思考與創作。因應創新變革的時代，老師的角色將不再僅是知識的傳授者，而是學生成長過程中的引導者和啟發者。

當我們談到教育的轉變，焦點將不再只是將知識灌輸進學生的大腦，而是讓他們學會如何主動學習、自主思考。如今，教育的核心不再是「填鴨式」的記憶堆砌，而是激發學生的創意思維，培養他們主動解決問題的能力。這不僅僅是讓學生理解書本上的內容，更重要的是教會他們如何批判性地思考、自主實踐，並勇於表達自己的想法。

學習不再是單純的接受，而是轉化為一種主動的探索。學生不再只是坐在課堂上聽講，而是主動參與，成為自己學習的主人。他們不

Chapter 3

再依賴老師給予的答案,而是學會如何尋找、如何反思,如何用自己的方式去探索世界。

這樣的學習,才能真正開啟他們內在的潛能,讓他們在未來的道路上走得更穩、更遠。

未來十年,世界的面貌將被前所未見的變革所雕塑,無論是在教育的殿堂,還是職場的角落,我們都將面對一場前所未有的挑戰。然而,正是這些挑戰,將如同一片孕育新生的沃土,讓無限機會在我們眼前綻放。

隨著科技的澎湃浪潮,人工智慧、數位化、創新思維的湧動,這一切帶來的不僅是變化,更是成長的契機。如果我們能以開放的心態,將每一個變動視為一次向未來邁進的步伐,將每一次失敗化為奮進的動力,那麼在這場智慧與科技的舞臺上,我們必定能找到屬於自己的位子。

這是一場持久且不容懈怠的戰鬥,考驗每一個教育者與學習者的耐力與智慧。在這條路上,沒有終點,只有不斷的適應、調整與進步。我們需要的是持續的學習、無懈可擊的毅力,還有對未來的無限想像。

這是屬於我們的時代,而我們,將在這片無邊的浩瀚星空下,駛向更加繁榮、更具智慧的明日。每一步,都將是一次嶄新的探索,無論多遠,都是通往光明未來的航程。

愛因斯坦曾經深刻地提到,人的意念對世界有著無比強大的影響。當一位科學家對社會大眾的認知是「心念純淨、意圖正直」時,

他便會將發明轉化為造福大眾的力量；相反地，若是對社會大眾的認知是「心懷不正」，他的發明可能就是破壞人類和諧的邪惡東西。

因此，無論是存好心、說好話、做好事，這些看似簡單的行為，卻是我們應對現代科技發展中最基本的指引，尤其在面對前所未有的科學尖端成果時。

今天，我們站在人工智慧的門檻上，這項變革性的科技將深刻改變我們的生活和未來。希望每一位擁抱 AI 的人，都能秉持著一顆「善心純意」，用它來為人類謀求更美好的未來。

我們必須謹記，科技本無善惡，關鍵在於我們如何使用它。讓我們共同努力，確保 AI 成為一個讓社會繁榮、世界更加和諧的力量，而非成為未來發展中的刀刃。

**這是屬於我們的時代，
而我們，
將在這片無邊的浩瀚星空下，
駛向更加繁榮、更具智慧的明日。**

Chapter 4

環境保育：
慈悲大地,獻給未來的深情許諾

　　或許，這場與自然共生的浩劫，是從一棵大樹的倒下開始蔓延，而人類的未來，則可能會在某片草木悄然生長的土地上，重新獲得希望。

　　以心的力量，為地球寫下最美的禮讚，讓未來的孩子，依然能在這片土地上感受到雨的溫柔、海的深情，以及大地的無盡恩澤。

4-1
從一棵樹倒下談起，敲響地球暖化警鐘

極端氣候的劇變，無不在訴說著我們與地球的深刻連結：一方受傷，另一方必然共感。

在這無情的大火中，或許人類應以更謙遜的姿態，傾聽自然的低語，尋回與天地和諧共存的道路。

Chapter 4

地球正經歷著前所未有的浩劫，我們明知全球暖化的災難逐步逼近，卻常常選擇視而不見、聽而不聞，缺乏實際的行動來應對。

「慈悲大地」不應僅是一句空洞的口號，它應該是我們對自然、對生命的深刻承諾。在每一次突如其來的災難面前，也許正是時候讓我們謙卑下來，反思與這片土地的關係。

或許，我們無法立刻改變世界，但每一個微小的善行，都可能是扭轉未來的關鍵。舉例來說，環保說來簡單，但多數人知而未行，明知塑化劑有害，但買東西時仍會用塑膠袋裝熱食，不僅不環保，還會危害人體；就如同雖然知道「口出善言」是好事，但會在不經意中受到習性的影響，不免發出惡語，也許無心，卻已傷人……。

這些看似不起眼的行為，如果不澈底矯正，最終將無法成為改變命運的一股力量。

地球上的人類都自以為是世界的主宰，卻往往忽略了自然與我們之間微妙而脆弱的關係。環境保護，似乎總是被視為遠在天邊的抽象課題，但暖化的警鐘，卻在日常生活中悄然敲響。

或許，這場與自然共生的浩劫，是從一棵大樹的倒下開始蔓延，而人類的未來，則可能會在某片草木悄然生長的土地上，重新獲得希望……。

極端氣候，大自然的悲憫警示

一棵雄偉的樹木，曾是大地的脊梁，見證著四季的更迭與歲月的

流轉。然而，當它倒下的那一刻，卻也悄無聲息地揭開了人類與自然關係的隱秘面紗。

2010年，我曾在多所學校中探討地球暖化問題，當我問起學生們：「地球暖化將會對我們的生活產生哪些影響？」回應的卻只是一片沉默。這一刻，我深刻感受到，環境變遷的問題對於年輕一代來說，似乎還是個遙遠而模糊的概念。

地球暖化的衝擊，早已不是虛幻的概念——該冷時不冷，該熱時不熱；或是極寒如刺骨，極熱如灼燒。一場突如其來的大雨，瞬間讓街道成河，而另一頭的土地，因乾旱長久未見綠意。每一次的極端天氣，或是一場突如其來的災難，無不像是大自然的悲憫警示，讓我們不得不正視這一切的真實性、急迫性，它不再是科幻電影中的情節，而是我們真真切切經歷的現實。

在電視畫面中，我們不時見到因氣候災變而失去家園的人民。那種面對天災的無助眼神，讓人揪心。有人問：「一切問題的根源在哪裡？」答案，其實我們心知肚明。

「慈悲大地」
不應僅是一句空洞的口號，
它應該是我們對自然、
對生命的深刻承諾。

地球暖化──隱形之手，毀滅之源

災難的背後，往往隱匿著一隻無形的手，它在我們的生活中默默操控，推動著每一次劇變的發生。這隻手，正是地球暖化。

當極端的天氣逐漸成為常態，當一場場災難無情席捲而來，地球正以它最激烈的方式發出怒吼。

2025 年 1 月，寒冬的序曲正響，洛杉磯的大地卻燃起烈焰，伊頓峽谷（Eaton Canyon）的微風成為引燃乾涸大地的火種，火焰迅速蔓延，吞噬著周圍的城市與名人豪宅。

加州大學洛杉磯分校的氣候科學家斯溫（Daniel Swain）將此現象形容為「天氣之鞭」（Weather whiplash），去年的濕潤雨季滋養了茂密植被，而今極度乾燥的季節伴隨著強風，將其化作火焰的燃料。聖塔安那風暴（Santa Ana winds）如同一架巨大的「大氣吹風機」，助長野火，使其肆虐之勢難以阻擋。

氣候科學界普遍認為，全球暖化正是導致這一切的罪魁禍首。加州的長期乾旱與逐漸增多的聖塔安那風暴，將美麗的自然景觀一筆一筆地轉化為災害的畫布。當狂風與野火交織，那炙熱的火舌如舞動的劍影，迅速吞噬著地面的一切。

這場災難再次揭示了全球暖化帶來的極端天氣，它不僅是環境變遷的結果，更是人類所忽視的自然警告。

或許人類應以更謙遜的姿態，傾聽自然的呢喃、傾訴，尋回與天地和諧共存的道路。

行三好　淨三業

> 災難的背後，
> 往往隱匿著一隻無形的手，
> 它在我們的生活中默默操控，
> 推動著每一次劇變的發生。
> 這隻手，正是全球暖化。

改變行動，從餐桌開始

面對這樣的挑戰，我們不能只看見災難的臉孔，更應當看到它背後的深層問題，並從自己的每一個行為起步，尋回與自然的和諧之道。

自 2023 年起，大地如熾焰般炙熱，氣溫的曲線一次次突破歷史的極限。聯合國與歐盟的氣候監測機構不約而同地發出警示，宣告 2023 年成為自 1850 年有紀錄以來最熱的一年，地球暖化的步伐，其平均溫度上升已超過《巴黎氣候協定》（Paris Agreement）提到至 2030 年預估值 1.5℃。這不僅是一組數字，更是對地球萬物深沉呼喚的警訊。

臺灣，這座四面環海的島嶼，雖然受海洋與季風的調節，暫時得以緩解極端高溫的侵襲，卻難逃全球暖化的蔓延之手。當極端氣候從

蔬食減碳

異常變為日常，熱浪與酷暑或將成為未來的季節標誌，無論是都市還是鄉野，都將感受到氣候變遷的深刻烙印。

事實上，面對這樣一個殘酷的現實，改變並非遙不可及，我們每個人都能從生活中的小細節開始，為地球的未來注入一股清流。飲食，便是其中一個最直接、最有效的行動。

荷蘭環境評估機構曾提出，想要遏止暖化，至 2050 年全球需要投入近 40 兆美元，更需各國以制度的力量推動。然而，在這巨額的數字之外，改變飲食習慣卻是成本最低、效果最快的方法。一碗清淡的蔬食，一日無肉的堅持，足以帶來巨大的轉變。

> **改變飲食習慣卻是成本最低、效果最快的方法。**
> **一碗清淡的蔬食，一日無肉的堅持，**
> **足以帶來巨大的轉變。**

蔬食的力量，共創綠色未來

從一碗蔬食開始，能讓我們踏上減少碳排放、減輕環境負擔的綠色之路。當我們用每一個微小的行動去守護地球，便是在為未來播下希望的種子。

根據《看守世界雜誌》（*World Watch Magazine*）全球最權威的世界環境問題與趨勢分析研究機構指出，畜牧業占全球溫室氣體排放

量的一大部分,其每公斤牛肉的碳排放量高達 36.4 公斤,需種植 1,110 棵樹才能平衡。若全人類選擇蔬食,減緩全球暖化的成本將能降低 80%,不僅為地球降溫,也為身心帶來清涼。

根據英國牛津大學的研究結果,若全球人們能選擇少肉或蔬食飲食,將能顯著減少碳排放,這一改變的效應,相當於將 800 萬輛汽車從道路上移除。這是一個震撼的數字,足以讓我們重新審視每一餐食物背後所帶來的影響。

結果顯示,多肉主義者——每日攝取超過 100 公克肉類的人,平均製造出 10.24 公斤的碳排放;而每日肉類攝取降至 50 公克或以下的少肉主義者,其排放量僅為 5.37 公斤。進一步轉向魚素飲食,碳排減少至 4.74 公斤;素食者則降至 4.16 公斤;而純素飲食者,碳排更可低至僅 2.47 公斤。

一顆蔬菜的種子,從田野到餐桌,耗費的能源遠低於一塊肉類,若平時改採蔬食飲食,將能大幅降低暖化速度,減輕地球的負擔,也為我們的身心帶來更多的清涼與平靜。

開發心中的眾生,就能人我一體,無怨無悔;
開發心中的真理,就是智慧如海,辯才無礙;
開發心中的世界,就能廣大無邊,法界一如;
開發心中的歡喜,就能利益眾生,永不退轉。

——《佛光菜根譚》

Chapter 4

　　大地是我們的母親，我們應當好好呵護，地球是我們的家園，我們理應好好珍視。心如大地，埋藏著無限的寶藏，我們要開發善心念，將這份善心念傳遞給這片大地，當我們選擇蔬食，便是在選擇一條為大地減碳、為地球降溫、為未來減壓的綠色道路。

　　每一份來自大地的食物，都比動物性產品更加環保與低碳，而每一顆種子，都能在地球的懷抱中成長，為大自然貢獻更多的生命力。這樣的選擇，看似微小，卻在日積月累中積聚了強大的力量，為減緩全球暖化帶來希望的曙光。讓我們從每一餐開始，為地球播種希望，並用行動守護未來。

**每一顆種子，
都能在地球的懷抱中成長，
為大自然貢獻更多的生命力。**

行三好　淨三業

4-2

地球災變，
考驗我們心靈環保的修行

一棵樹苗的栽種，一度電的節約，一天蔬食的堅持，都是對地球的溫柔守護。節能減碳，不僅是科技的革新，更是心靈的修行。

Chapter 4

當我們深深吸入清新的空氣，望向湛藍的天空，是否曾經想過，這一切的美好正是來自地球的呵護與包容。

然而，這顆孕育著生命的藍色星球，如今正面臨著前所未有的挑戰——全球暖化、極端氣候、環境污染、資源枯竭。

當我們虔心自問：「如何守護這片承載我們生命的土地？」答案或許藏在教育的根本之中，也蘊藏在每一片綠葉的低語裡⋯⋯。

綠色革命，從餐桌到永續

> 一花一木都有生命，
> 一山一水都有生機，
> 一人一事都有道理，
> 一舉一動都有因果。
>
> ——《佛光菜根譚》

在這個瞬息萬變的世界中，我們每一個選擇都在書寫地球未來的篇章。教育，無疑是促進人類自我提升與文明延續的基石。

如果我們能在學校與社區中積極推動綠色環境教育，讓更多人理解環境保護的重要性，或許我們能為這顆藍色星球爭取更多的喘息空

間,減少每一分每一秒的傷害。

過去在臺灣,全國達93%的中小學響應「每週一天的蔬食」運動,甚至延伸至大學校園。南華大學更在創辦人星雲大師的支持下,設立蔬食餐廳,以平實的價格提供健康選擇,成為校園裡的一道綠色風景。這不僅是對環境的善待,更是對心靈的慈悲。

這場綠色革命,從餐桌的起頭帶領我們一路走到永續的未來。蔬食不僅有助於減緩暖化,其健康效益也令人欣喜。過多的肉品攝取容易導致心血管疾病、高血壓和高脂肪,而蔬食則能平衡身心,甚至讓情緒更加穩定。荷蘭的研究表明,若全球都採用有機純蔬食,不僅可大幅減少碳排,還能將應對氣候變遷的成本降低八成。

地球,是否能永續發展?答案藏在我們的日常選擇之中。

這場綠色革命,
從餐桌的起頭帶領我們一路走到永續的未來。

力行三好,為地球存一份慈悲

守護地球的未來,並非依賴於某一個偉大的舉措,而是源於我們每一個人日常生活中的選擇。

過去,我一直倡導「三好運動」——做好事、說好話、存好心。今日的蔬食行動,正是其中的延伸,不僅減少殺生,涵養慈悲,也是

Chapter 4

一場為地球盡心的修行，將善念化作行動，把一餐蔬食視為一份祝福，不僅滋養自己的身體，也為地球留下一片安寧。

南華大學設立於嘉義縣大林鎮，以生命教育與環境永續為使命，成為國內環保實踐的標竿。校園內，綠意盎然：63 公頃的土地中，46 公頃被茂密的樹林與草地覆蓋，綠地比例高達 73%。包含各種誘鳥誘蝶的原生樹種共 300 多種植物，構成了豐富的生物多樣性景觀，學子與師生在這片綠洲中不僅得以靜觀自然的和諧，也學會以敬畏之心對待地球。

還記得某個學年度，新生們環校的踏青旅程，讓習慣久坐的身軀感到不堪負荷。他們氣喘吁吁、面色蒼白，彷彿自然的節奏已與身體脫節。隔一年，我們將踏青安排在開學一月之後，同學們每天上課往返於宿舍與教室間，身體變得更為靈活。行走一圈，不再有疲憊的喘息，反而多了從容的笑顏。如森林般的校園，已經悄然滋養了他們的身心靈。

然而，隨著時間的推移，我們發現到整體大環境的空氣中懸浮微粒逐漸增多，往日的清新被隱約的汙濁取代。這讓人不禁想起十數年前，我在中國目睹的霧霾，那是吞噬陽光的沉沉灰霧，令人壓抑而悲憫。如今，臺灣的空氣竟也步入這樣的境地，讓人心生隱痛：我們曾以清新的空氣為榮，如今卻感覺它已逐步遠去。

空氣是我們的第一口呼吸，水是我們的第一口滋養，而廢棄物處理則是我們與大地的第一份承諾。當這些環節出現裂痕，人類的生活便難以持續舒展。

行三好　淨三業

倡導「三好運動」──做好事、說好話、存好心，蔬食行動，正是其中的延伸。

> **以教育為根基，奠定永續行動表率**

一所大學不僅是知識的搖籃，更該是永續行動的表率。

為了讓環境教育從概念落實到行動，校園推動了多項實際措施，例如只要自備碗筷，就能以 30 元享用無痕餐點，傳遞節能減廢的理念；雨水再利用系統每年可儲存超過 3,000 立方公尺的水，用於灌溉與清潔，減少 2,200 公斤的二氧化碳排放；資源回收與堆肥計畫，將每人每年垃圾量降至僅約 20 公斤，成效卓著。

此外，校園種植十萬餘棵樹木，涵養生態，孕育多樣生命；節能措施細緻到每個能源監控系統，皆通過 ISO 50001 能源管理認證；環保標章產品採購達 95%，成為綠色採購的模範；每年推廣淨灘、植樹等活動，提醒我們與自然的共生之責；蔬食齋堂每日供應價格親民的餐點，讓綠色生活方式融入學生日常。

學校更以教育為根基，開設環境課程，涵蓋了資源回收、能源節約與減塑行動等議題，讓學生明白，節能減碳並非遙遠的口號，而是每一天、每一個細微選擇的累積。

這些細小而堅定的行動如滴水匯流，南華大學在 2017 年獲得「國家永續發展獎」及連續九年榮獲「世界百大綠色大學」之殊榮。這些榮耀並非僅僅是一所大學的勳章，更是我們每個人可以共同參與的未來。

Chapter 4

　　自然界無法言語，卻以無聲的方式告訴我們，每一口清新的空氣，每一滴甘甜的水，都是對生命的祝福。當我們在忙碌中遺忘它的珍貴，環境會以異常的氣候、枯竭的資源，向我們敲響警鐘。

　　而我們，唯有以珍視之心守護它，以堅定之行回應它，才能學會與自然共存的智慧。

節能減碳並非遙遠的口號，
而是每一天、每一個細微選擇的累積。

節能減碳，心靈環保的修行

　　2025 年 2 月，英國廣播公司（BBC News）報導了令人深省的消息：科學家發現，地球的內核，這個我們星球的「心臟」，其形狀可能已經發生了變化。

　　地球內核被認為是一顆堅實的球體，但根據約翰・維達爾（John Vidale）教授的最新研究，這顆「心臟」的邊緣可能在某些地方發生了變形，並且這些變化的高度達到 100 公尺以上。這份研究同步發表在《自然地球科學》（*Nature Geoscience*）期刊，提醒著世人們——地球生病了，而且很嚴重。

　　地球的內核，像是我們生命的守護者，所產生的磁場長久以來保護著地球，免受太陽輻射的侵害，確保萬物得以生長、繁榮。

行三好　淨三業

　　如同佛教所說的：「三祇修福慧，百劫修相好。」佛陀經歷了漫長的修行歲月，修持六度，成就福慧圓滿，才得以成就三十二種妙相，八十種隨形好，達到究竟佛果。而我們的地球，這顆承載萬物的巨大生命體，是否也正經歷著一場隱秘的變化，預示著更深層次的轉變？

　　這不僅是科學的發現，它讓我們不禁反思：當我們仰望星空，或是腳踏大地時，是否能夠更敏銳地感知到這些微妙的變動？地球的心臟，或許正在悄然改變，我們是否也應該在日常與心靈上做出相應的覺察與調整？根據預測太陽風暴，可能在不久的未來隨時發生，但願大眾能夠多祈求、多節能減碳、多吃素，期許在大眾的正念集體意識下，化解危機。

　　「滴水入海，涓流不息，終能匯成江河。」每一個人小小的選擇，匯聚起來，便能改變地球的命運。我們所做的，未必能在今日看到成效，但它將為未來的人們，鋪就一條更光明的道路。

　　一棵樹苗的栽種、一度電的節約、一天蔬食的堅持，每一個細小的行為，都是對地球的溫柔守護，也是我們承擔責任的具體行動。

　　節能減碳，不僅是科技的革新，更是心靈環保的修行。當我們願意減少對塑膠的依賴，當我們學會欣賞簡樸的生活之美，當我們靜靜站在校園的綠樹下，感受風的低吟與樹葉的沙沙聲，便開始重新認識地球的恩賜，也重新找到與它共生的節奏。

　　每一片綠葉，都在輕聲低語：與自然共舞，與地球同心，這是我們最深的承諾，也是對未來最好的祝福。

Chapter 4

當我們靜靜站在校園的綠樹下，
感受風的低吟與樹葉的沙沙聲，
便開始重新認識地球的恩賜，
也重新找到與它共生的節奏。

行三好　淨三業

4-3

塑膠微粒的啓示，
一碗濃湯的警示

海洋並非唯一的受害者。當塑膠微粒透過蚊蟲傳遞至鳥禽、再到人類餐桌，這條食物鏈的終點，正是我們自己。

Chapter 4

　　當我們舉起杯中的水，是否曾細想，那看似澄澈透明的液體，是否也蘊藏著肉眼無法察覺的威脅？

　　過去行政院環保署（現為環境部）公佈的調查結果，猶如一記驚雷，資料告訴我們，塑膠微粒已經從海洋到自來水、從沙灘到養殖場，甚至已悄悄滲透到日常生活中，與我們的每一次呼吸、每一口食物相交織。這些微小的塑膠微粒，早已在我們不經意之間，融入了我們的生命之中……。

龐大隱形威脅，席捲人類世界

　　這些細小如塵的塑膠微粒，是我們生活中隨手遺棄的塑膠袋、寶特瓶、吸管和免洗餐具的最終形態。

　　它們被丟入自然，被海浪拍擊，被陽光曝曬，碎裂成細小的顆粒，漂浮在海水中，沉積在沙灘上，甚至進入魚貝體內，愈是站在食物鏈頂端的生物，體內塑膠微粒的濃度便愈高。有些大型魚類，因直接吞食塑膠垃圾而死亡；實驗更發現，生活在微塑膠環境中的魚類，孵化受阻，成長遲緩，活力不再。

然而，海洋並非唯一的受害者。這些微小的塑膠微粒隨著空氣、昆蟲等媒介，進入了鳥類、魚貝的體內，最終，又透過食物鏈回到了我們的身體中。特別對於那些以魚類為主要食物來源的民族而言，他們在這場無形的塑膠災難中，無疑比其他人更早受到危害。

曾有人這樣形容，我們的每一餐，都可能不經意地飲下「塑膠微粒濃湯」，這不僅是對地球環境的挑戰，也是對我們健康的隱憂。

自 1950 年全球塑膠產品年產量約 150 萬噸以來，塑膠生產的速度和規模急劇增加。到了 2023 年，全球年產塑膠產品已達 3 億噸，並且預計到 2050 年，這一數字將暴增至每年 20 億噸。

如此驚人的數字背後，隱藏著一個不容忽視的事實：塑膠的回收率極低，僅有約 5% 的塑膠垃圾能夠回收再利用，剩餘的大部分塑膠垃圾最終進入自然環境，對生態系統造成了嚴重的影響。

馬庫斯・艾立克森博士（Dr. Marcus Eriksen）研究指出，全球海洋中已浮現至少五兆片塑膠碎片，總重量超過 26.8 萬公噸。它們進入浮游生物、小魚、大魚，最終經由食物鏈回到人體，帶來人類癌症風險、內分泌失調等健康問題。

更令人驚愕的是，日常生活中的牙膏、洗面乳甚至去角質產品，竟然也摻雜了塑膠微粒，企業為求便利而將其融入清潔用品中。我們的每一次清潔，卻無形中為生態埋下禍根。這樣的生活，是否已經成為一場對地球與自身健康的背叛？

Chapter 4

> 我們的每一餐,
> 都可能不經意地飲下「塑膠微粒濃湯」,
> 這不僅是對地球環境的挑戰,
> 也是對我們健康的隱憂。

減塑行動,拯救人類與地球

　　塑膠微粒的危機,並非未來才會降臨,而是早已融入我們的血肉之中。面對這樣的現實,我們該如何因應?

　　或許,我們需要從內心深處覺醒,重新審視生活的每一個選擇。從拒絕塑膠袋開始,從減少使用一次性餐具開始,從購買不含塑膠微粒的產品開始,每一個微小的改變,都是對地球的修復,也是對自己的拯救行動。

　　誠如《佛光菜根譚》寫道:「一切好事,從我本身做起;一切好言,從我口中說出;一切善心,從我內心開發;一切善人,從我至誠禮敬。」

　　有一則極富啟示的公案,講述了兩位修行者結伴外出參學的故事。

　　行進途中,一位心生退意,猶豫不決,不知是否該繼續前行。另一位同行者語重心長地對他說道:「我會全力幫助你,但有三件事,我無能為力。第一,吃飯;第二,拉屎;第三,走路。」

　　這句簡單而又深刻的回答,似乎在告訴我們一個道理:在生命這

場修行的道路上，有些事情，誰都無法代勞。

無論遭遇到什麼困難或挑戰，最終還是要依靠自己的力量解決，關於減塑行動這件事，就要以身作則。

我們並非無能為力。在全球各地，已有城市開始全面禁止塑膠製品，或對其課以重稅。例如，加拿大的蒙特婁、美國的西雅圖、澳洲的多個省市，都在行動。我們也期望，臺灣能透過立法、宣導與更完善的回收機制，將「塑膠濃湯」的危機降至最低。

正如佛語所說：「修行不在遠方，而在當下。」環境的修行，其實是每個人都能參與的日常實踐。

我們可以選擇少用塑膠製品，選擇支持環保產業，甚至僅僅是用自己的方式告訴身邊的人：我們正在為地球努力。

當塑膠微粒的浪潮來襲，每一口食物，都是對我們良知的叩問。唯有從此刻開始，從每一個人開始，才能將這場對環境的浩劫，轉化為光明的希望，讓地球重新綻放它的綠意與光輝，讓人類與自然在和諧中共生共榮。

**修行不在遠方，而在當下。
環境的修行，
其實是每個人都能參與的日常實踐。**

Chapter 4

行三好　淨三業

4-4

與地球共舞，
實踐減碳之道

氣候的和諧，不再是遠在天邊的
夢，而是每個人雙手合十間的一份祝禱，
讓我們一起為地球的永續盡一份心力。

Chapter 4

在這個日益灼熱的時代，地球彷彿在不斷地發著高燒。

每一滴汗水，都是這顆藍色星球向我們疾呼：這場全球暖化危機，已經不再是一個遙遠的課題，而是我們每個人必須面對的現實。

當地球在不斷地發著高燒

雨，是夏季最熟悉的訪客。記得幾年前，南華大學的籃球場進行改建工程，因當時不斷地降雨，眼前的風景像一幅未完成的畫作，被無形的水墨一筆抹去，只剩模糊一片。

當我佇立於操場邊，任憑濕潤的氣息拂過臉頰，突然意識到這不只是天氣的偶然變奏，更像是大自然對我們的低語提醒。

嘉義，這片溫暖的土地，已悄悄感受到氣候變遷的痕跡。2020 年，根據統計當地氣溫已悄然上升了超過 1.2°C，這看似一個微小的變動，卻足以在我們的日常生活中留下深刻的印記。

自工業革命以來，全球氣溫至 2024 年底已累計升高了 1.5°C，北極的冰層正快速地消融，海平面悄然上升，南極半島白令豪山的冰積厚度在短短 12 年間減少了 40%，羅斯拉基地的植被面積更增長了 25 倍……，這些變化似乎就在彈指之間，如同滴水穿石般，刻劃出氣候變遷的冰冷事實。我們，是否正無意間助長了這場醞釀中的風暴？

這些平日習而不察的細節，編織成一幅令人不安的畫面，宣告著海平面正以肉眼可見的速度攀升。

根據研究報告，當全球平均溫度再上升 1℃，熱浪便成了常客，像是無聲的收割者，奪去那些不堪高溫之人的生命；當升溫至 2℃，病毒的變異與擴散將威脅著人類的健康。而 3℃ 的升溫，將帶來季節的顛倒，80% 的冰川消融，生態鏈走向崩解。升溫至 4℃，氣候難民的數字將以百萬計算；到了 5℃，則南北極的冰層徹底消失，海水吞噬土地；最後升到至 6℃ 時，地球將迎來不可逆的可怕終局。

這些數據並非虛構的預言，而是以我們今日的碳排放量堆砌出的未來軌跡。如果我們無所作為，2030 年的地球或許會突破 2.0℃ 的超關鍵門檻，步入一場難以挽回的危機。

**當我佇立於操場邊，
任憑濕潤的氣息拂過臉頰，
突然意識到這不只是天氣的偶然變奏，
更像是大自然對我們的低語提醒。**

因應島國危機，全民力行減碳

臺灣，這個被海洋環繞的美麗島嶼，站在這場氣候變遷的前線。

根據研究報導，若全球氣溫上升 2℃，臺灣將面臨 6 公尺海平面

上升的危機，西部沿海的城市將遭遇嚴重淹沒，可能超過 587 萬人將直接受到威脅。更糟糕的是，格陵蘭的冰層若繼續融化，將可能使臺灣一半的人口陷入生存困境。

低窪的島國，如吐瓦魯、馬爾地夫，早已面臨海平面上升所引發的滅頂災難，他們正處於毀滅的邊緣，他們的呼求，穿越了國界的隔閡：「讓我們未來的平均溫度升溫，停留在 2.0°C 以下。」

然而，這並非我們無法改變的命運。儘管挑戰無比嚴峻，全球各國依然在為減少碳排放而努力，並且越來越多的人意識到，減少碳排放不僅僅是為了避免災難，它是為了保護我們的家園，為了確保我們與未來世代的永續生存。

所幸，地球暖化並非無解。美國經濟學家威廉·諾德豪斯（William Nordhaus）於 1975 年提議，全球升溫應控制在 2°C 以下，而島國則進一步要求限縮至 1.5°C 以下（事實上，迄今已超過 1.5°C）。對於身處氣候危機一線的我們來說，這不僅是一個目標，更是一種生存的覺悟。

對世界做出善意的行動，從自身做起。碳中和及淨零排放的未來，或許聽來遙遠，但每個人都可以從簡單的日常中開始，將腳步放緩，留意自己的環境足跡。拒絕不必要的浪費，減少消費、重複利用、妥善回收，選擇可分解的產品——這是我們每個人都能實踐的減碳之道。

當然，減碳並非單單依賴個人的努力，企業和政府必須攜手合作，共同推動這場全球性的減碳行動，以推動循環經濟的 5R 原則（Refuse 拒絕使用、Reduce 減量使用、Reuse 重複使用、Recycle 回收再利用、

Rot 使用可以生物分解的產品），是未來發展的方向。

企業應該將減碳與創新技術結合，推動低碳生產模式，同時，政府可透過課徵碳排放稅等措施，來鼓勵企業實踐更綠色、更永續的生產方式。

這不僅是對地球的責任，也是對未來的承諾。唯有全球共同努力，才能實現真正的減碳目標。

> 地球暖化並非無解，
> 每個人都可以從簡單的日常中開始，
> 將腳步放緩，
> 留意自己的環境足跡。

行動守護，為地球寫下最美的禮讚

距離 2030 年，只剩下五年的時間了，這是地球的關鍵時刻，也是每一位地球公民的責任。

我們應該以聯合國永續發展目標為指引，喚醒更多人的環保意識，並在生活與工作中實踐低碳理念。每一個微小的行動，都是我們為地球獻上最美的禮讚。

Chapter 4

> 不辭小水，方能成就海洋
> 不積小善，無以圓滿至德
> ——《佛光菜根譚》

大師的教誨在在提醒我們，勿以善小而不為，小善如息日增。

佛陀也曾說過，世間上的小小火苗不可以輕視，因為星火可以燎原，若是小事不加以謹慎，最後恐會釀成大災禍。

當我們低頭拾起那片落葉，或是仰望夜空的星辰，請記得，這片大地並非理所當然如此，它需要我們每個小小的行動，來共同守護。

氣候的和諧，不再是遠在天邊的夢，而是每個人雙手合十間的一份祝禱，讓我們一起為地球的永續盡一份心力。

願此後的每個時光，都能成為我們與地球共舞的美好契機，讓未來的孩子，依然能在這片土地上感受到雨的溫柔、海的深情，以及大地的無盡恩澤。

**當我們低頭拾起那片落葉，
或是仰望夜空的星辰，
請記得，這片大地並非理所當然如此，
它需要我們每個小小的行動，來共同守護。**

行三好　淨三業

安住慈悲喜捨中

常樂柔和忍辱法

附錄一 林聰明校長——作者簡歷

出生於雲林縣臺西鄉海口村，別名明益，法名普清。擔任南華大學校長任內，積極推動三好運動（做好事、說好話、存好心）理念，以善心、善行、善念深耕於生命教育、環境永續、智慧創新與三好校園，更身體力行，將善良價值觀貫徹於整個校園文化，並從校園推廣到社會，同時持續改善，使得南華大學躋身全球百大綠色學校。

早年曾獲選為「中華民國十大優秀青年工程師」及獲頒教育部「一等教育文化專業獎章」，且因長期關注地球暖化、推動身心靈環保、蔬食愛地球及永續發展等議題，獲得聯合國氣候變遷框架公約會員國頒發「全球永續發展英雄獎」，並榮獲環境部「環境保護專業獎章榮譽獎章」、「教育部生命教育特殊貢獻人員獎」、「教育部生命教育終身奉獻人員獎」等殊榮，並帶領南華大學獲得國家環保獎3屆金質獎、2屆巨擘獎。

現任
南華大學名譽校長、佛光山教團系統大學副總校長

行三好　淨三業

學歷

- 美國克萊門森大學工業管理博士（輔修系統工程）
- 美國東新墨西哥大學企業管理碩士（輔修會計）
- 國家策略研究班
- 瑞士國際管理學院製造策略班
- 英國倫敦大學倫敦管理學院高階決策管理班
- 英國倫敦大學倫敦政經學院訪問學者
- 蒙古奧特根騰格爾大學榮譽博士

經歷

- 南華大學校長
- 教育部常務、政務次長
- 國立雲林科技大學校長
- 行政院勞工委員會職業訓練局局長
- 教育部技術及職業教育司司長
- 行政院環境保護署廢棄物管理處處長、環境監測及資訊處處長
- 國立臺灣科技大學教授、系主任、訓導長
- 國立臺灣大學兼任教授
- 台塑美國利國公司總經理特別助理
- 經濟部科技顧問
- 考試院典試委員
- 國際技能競賽組織行政委員會副主席
- 經濟部所屬事業經營績效獎金政策因素審議會召集人兼審議委員
- APEC 人力資源組產業技術小組國際召集人、中華民國代表

・中國青年創業協會顧問
・國立大學（含科技大學）各項評鑑委員
・國內大學多校校長遴選委員會委員

與會參與

・佛光山澳洲南天大學董事（2024/10～迄今）
・財團法人臺南市國學書院傳統文化基金會董事長（2024/10～迄今）
・臺灣綠色大學聯盟理事事長（2019/8～2021）
・台灣樂活有機農業協會理事長（2019～迄今）
・財團法人行天宮文教發展促進基金會董事（2018/9～迄今）
・中華生命電磁科學學會理事長（2018/4～2022/10）
・財團法人技專校院入學測驗中心董事長（2016/9～迄今）
・財團法人福智文教基金會董事（2015～迄今）
・福智學校財團法人福智佛教學院董事（2015～迄今）
・中華綠文化協會理事長（2013/8～2018/7）
・中華工程教育學會（IEET）理事長、主任委員（2017/08～2021/8）
・彰雲嘉大學校院聯盟理事長（2014/10～2016/10）
・中華民國管理科學學會常務理事
・中國工業職業教育學會名譽理事
・嘉義縣、嘉義市、雲林縣政府縣政顧問
・亞洲太平洋工業工程與管理學會（APIEMS）理事長（2007～2008）
・獲選擔任 APIEMS 理事長（2007～2008）
・中華決策科學學會第四屆理事（2006/7～2008/6）
・中華民國技職教育學會第四屆理事長（2006～2008）

- 國際創新創業發展協會第一屆理事長（2006～2008）
- 擔任 APIEMS 準理事長（2005～2006）
- 擔任 APIEMS2005 年年會聯席主席
- 國際就業安全協會中華民國總會理事長（1995～2003）
- 擔任中華人力資源發展學會理事長（2002～2006）
- 擔任 2002 年 PECC 人力資源任務發展小組國際協調人
- 擔任 1999 年國際技能競賽組織行政委員會副主席
- 曾任 APEC 人力資源組產業技術我國代表人及國際協調人
- 曾任中國工業工程學會理事長、監事主席
- 曾任中華人力發展學會理事長、中華民國原始生活教育學會理事長
- 曾任中華民國管理科學學會理事兼管理顧問委員會主委
- 曾任中國工程師學會建教合作委員會主任委員
- 曾任中國工業職業教育學會理事長

榮譽
- IVIPA 國際蔬食產業推廣協會終身成就永續貢獻獎（2025）
- 國際自然醫學學會終身成就獎（2024）
- 教育部 113 年教育部生命教育終身奉獻人員獎（2024）
- 雲林縣政府第一屆榮耀雲林典範獎（2023）
- 帶領南華大學榮獲教育部友善校園獎——卓越學校獎（2023）
- 美國德保羅大學《自然醫學》聯合頒證國際社會服務獎（2023）
- 帶領南華大學榮獲國家企業環保金獎、巨擘獎（2019～2023）
- 社團法人中國工業工程學會終身成就獎（2022）
- 環境部 110 年「環境保護專業獎章榮譽獎章」（2021）

附錄

- 教育部 110 年「教育部生命教育特殊貢獻人員獎」（2021）
- 中華民國品質學會榮譽會士證書（2020）
- 中華民國斐陶斐榮譽學會榮譽會員（2020）
- 中華孔孟協會大孝獎（2019）
- 中華品德教育學會第一屆善德獎（2019）
- 帶領南華大學榮獲國家品質獎——永續發展典範獎（2018）
- 帶領南華大學榮獲國家永續發展獎（2017）
- 帶領南華大學榮獲教育部頒發「藝術教育貢獻獎」（2017）
- 教育部生命教育優秀行政人員獎（2015）
- 亞洲太平洋工業工程與管理學會（APIEMS）「Fellow」（2013）
- 教育部一等教育文化專業獎章（2013）
- 聯合國氣候變遷框架公約會員國「全球永續發展英雄獎」（2012）
- 中華民國技職教育學會頒發技職教育終身榮譽獎（2011）
- 中華民國管理科學學會李國鼎管理獎章（1995）
- 中國工程師學會十大優秀工程師（1983）

作品與發表

- 《行三好　淨三業：擁抱生命教育》（2025）
- 《源・緣・圓：一位校長的生命與永續印記》（2025）
- 《喜繪生命的彩虹》（2009）
- 《人間福報》專欄文章
- 發表國內外重要期刊及研討會論文等計 150 餘篇論著

附錄二 林聰明校長──生平大事記

（年代時間依序呈現）

- **1949 年**　出生於雲林縣臺西鄉海口村
- **1973 年**　赴美國深造
  美國東墨西哥大學企業管理研究所碩士
  美國南卡羅來納州克萊門森大學工業管理研究所博士
- **1977 年**　台塑波多黎各利國公司總經理特別助理
- **1979 年**　國立臺灣工業技術學院（現為國立臺灣科技大學）副教授、教授（含借調四年／1979/8～1991/9）
- **1980 年**　國立臺灣工業技術學院訓導長、工業管理技術系系主任（1980/8～1986/7）
- **1984 年**　經濟部兼任經濟部科技顧問（1984/1～1987/9）
- **1985 年**　國立臺灣大學兼任教授（1985/8～1997/7）
- **1987 年**　赴英國倫敦大學擔任訪問學者（1987/1～1987/9）
  行政院環保署借調擔任環境監測及資訊處處長（1987/9～1988/8）
- **1988 年**　行政院環保署廢棄物管理處處長（1988/8～1989/8）

附錄

- **1989 年** — 教育部技職司司長（1989/9 ～ 1994/7）
- **1991 年** — 國立臺灣科技大學兼任教授（1991/9 ～ 2001/7）
- **1994 年** — 銜命接掌勞委會職訓局局長（1994/8 ～ 2001/7）
  獲頒「行政院革新楷模獎」及「行政院模範優秀公務人員獎」
- **2001 年** — 國立雲林科技大學校長（2001/8 ～ 2009/2）
- **2009 年** — 教育部常務次長（2009/2 ～ 2009/9）
  教育部政務次長（2009/9 ～ 2013/1）
- **2012 年** — 獲頒聯合國氣候變遷框架公約會員國
  「全球永續發展英雄獎」
- **2013 年** — 1 月 16 日自教育部政務次長退休
  1 月 21 日擔任南華大學校長（2013/1 ～ 2024/5）
- **2021 年** — 獲頒教育部「教育部生命教育特殊貢獻人員獎」
  獲頒環境部「環境保護專業獎章榮譽獎章」
- **2024 年** — 卸任南華大學校長職務
  5 月擔任南華大學名譽校長、佛光山教團系統大學副總校長
  獲頒教育部「教育部生命教育終身奉獻人員獎」
  12 月獲頒國際自然醫學學會終身成就獎
- **2025 年** — 榮獲 IVIPA 國際蔬食產業推廣協會終身成就永續貢獻獎壇

行三好　淨三業

附錄三　照片集錦

三好燈。

力行三好。

三好信條。

三好實踐分享。

附錄

2017年「南華三好・就業達人」徵才活動。

大師妙語如珠，幽默風趣。

與大師合影。

與大師在宜興大覺寺合影。

國家圖書館出版品預行編目(CIP)資料

行三好　淨三業：擁抱生命教育/林聰明(普清)
作 .-- 第一版 .-- 臺北市：博思智庫股份有限公司,2025.06 面；公分
ISBN 978-626-7653-07-4(平裝)
1.CST：佛教修持 2.CST：生命教育
225.87　　　　　　　　　　　　　114005002

GOAL 46

行三好　淨三業 擁抱生命教育

作　　　者	林聰明
書法字畫	蕭素惠
插　　　畫	林松蔚
照片提供	林聰明、蕭素惠、財團法人佛光山文教基金會
主　　　編	吳翔逸
執行編輯	陳映羽
專案編輯	吳昊明、千　樊
美術主任	蔡雅芬
封面圖片	Designed by Freepik

發 行 人	黃輝煌
社　　長	蕭艷秋
財務顧問	蕭聰傑
出 版 者	博思智庫股份有限公司
地　　址	104 臺北市中山區松江路 206 號 14 樓之 4
電　　話	(02) 25623277
傳　　真	(02) 25632892

總 代 理	聯合發行股份有限公司
電　　話	(02)29178022
傳　　真	(02)29156275

印　　製	永光彩色印刷股份有限公司
定　　價	350 元

第一版第一刷　西元 2025 年 6 月

ISBN 978-626-7653-07-4
© 2025 Broad Think Tank Print in Taiwan

版權所有　翻印必究　本書如有缺頁、破損、裝訂錯誤，請寄回更換

博思智庫股份有限公司
博思智庫粉絲團　Facebook.com/broadthinktank